LE

PANORAMA

DRAMATIQUE

1821-1823

PAR

L.-HENRY LECOMTE

PARIS

CHEZ L'AUTEUR, 10, RUE DU DÔME

1900

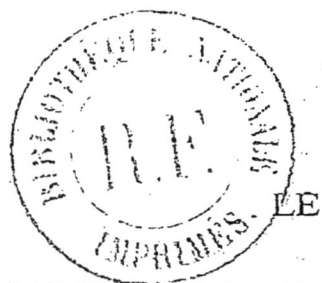

LE PANORAMA DRAMATIQUE

4536

TIRÉ A 150 EXEMPLAIRES

———

N° 17.

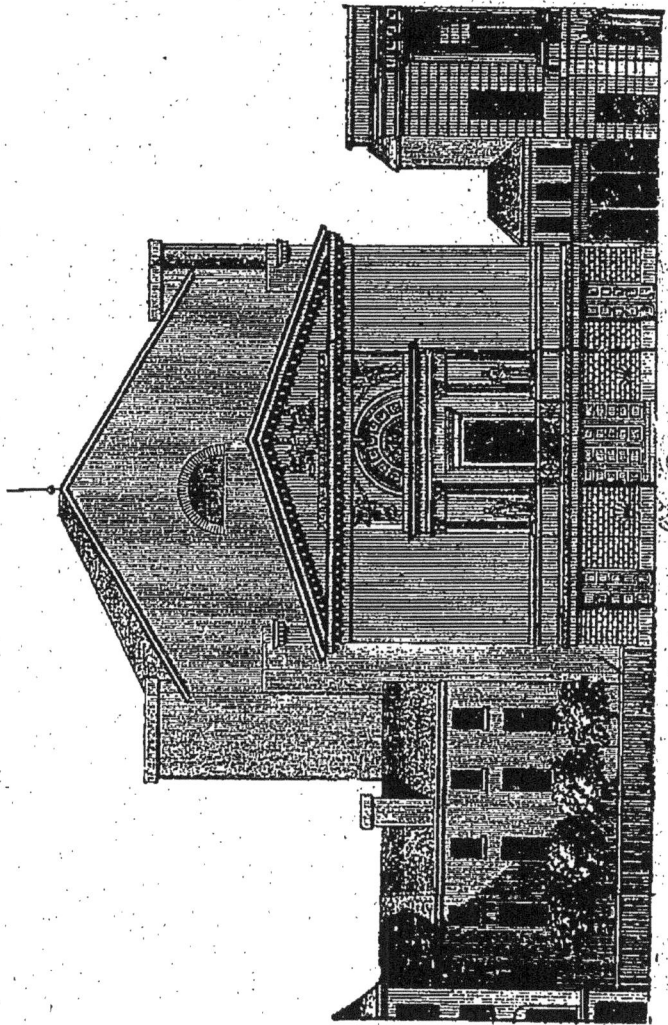

LE

PANORAMA

DRAMATIQUE

1821-1823

PAR

L.-HENRY LECOMTE

PARIS

CHEZ L'AUTEUR, 10, RUE DU DÔME

1900

LE
PANORAMA DRAMATIQUE

Le décret impérial qui limitait à huit le nombre des théâtres parisiens n'avait, en raison de son origine, rien qui le recommandât au gouvernement bourbonnien. En 1820 s'ouvrait, sous la direction de Delestre-Poirson, le Gymnase Dramatique; vers la même époque un second privilège était accordé, sur les sollicitations du baron Taylor, à M. Allaux, peintre connu par d'importantes décorations théâtrales. Ce privilège conférait le droit de jouer des drames, des comédies et des vaudevilles, à la condition de n'avoir jamais en scène plus de deux acteurs parlants. S'associant avec des capitalistes et des entrepreneurs, M. Allaux acquit pour 64,000 francs, sur le boulevard du Temple, en face du Jardin Turc, le terrain sur lequel avait existé, pendant un assez long temps, le Café du Bosquet. Ce terrain, exigu et de forme irrégulière, offrait, pour la construction d'un théâtre, des difficultés que les architectes Vincent et Chatelain vainquirent habilement. Nous reproduisons, d'après l'*Architectonographie des théâtres de Paris*, la façade du monument. On avait trouvé moyen, dans une salle qui n'avait que 31 pieds de large sur 23 de profondeur et 39 d'élévation, de placer près de quinze cents personnes. Cette salle était composée d'un soubassement supportant un grand ordre corinthien arabesque, surmonté d'un autre petit ordre qui soutenait la coupole; les ornements, d'un style gracieux, y étaient appliqués sur fond vert tendre. La scène, en y comprenant les dessous, comptait 89 pieds de profondeur, ce qui devait permettre de très beaux effets de décorations. Encadrée d'une large gorge, dorée comme celle d'un tableau, cette scène offrait un détail singulier. Dans les entr'actes on pouvait abaisser, en guise de rideau, un châssis recouvert en glaces qui, occupant toute l'ouverture, présentait, avec son encadrement, un miroir de vingt-quatre pieds de large et vingt de hauteur, reflétant toute la salle.

Le théâtre achevé reçut le nom de Panorama Dramatique, et l'on prépara sans relâche le spectacle d'ouverture. Voici, d'après les almanachs du temps, les noms des personnes composant l'administration ou la troupe au début de l'entreprise.

Directeur : Allaux ;
Administrateurs : Martine, Poissinot, Dubois, Chatelain, Damas ;
Caissier : Fleury ;

Régisseurs : Solomé, Gautier, Pénancier ;

Premiers rôles : Auguste, Gauthier ;

Jeunes premiers : Camiade, Francis, Lefèvre ;

Pères nobles : Legros, Faux ;

Troisièmes rôles : Boucher, Monnet, Plançon ;

Comiques : Serres, Vautrin, Bouffé, Théodore ;

Utilités : Alexis, Travers ;

Premier rôle : Madame Gobert ;

Amoureuses : Mesdames Maria, Laure, Mercier, Belfort, Eugénie, Florville ;

Caractères : Mesdames Lecomte, Louis ;

Maître de ballets : Renauzy ;

Danseurs : Josse, Bégrand, Durier, Charlemagne, Hartwig, Cloteau, Belcour, Belfour ;

Danseuses : Mesdames Varnier, Marivin, Pallier, Chevalier, Gossard, Rousse, Gontant, Guittes, Tullot ;

Figurants : Briffaut, Chartier, Langevin, Ambroise ; Mesdames Annette, Langier, Pénancier, Alexandrine ;

Chef d'orchestre : Marty.

Il n'y avait, dans les artistes, aucun nom capable d'attirer la foule ; aussi la direction fut-elle obligée bientôt d'engager des acteurs plus connus. Nous signalerons, aux dates précises, l'entrée des recrues faites dans les théâtres de Paris ou des départements.

L'inauguration, plusieurs fois ajournée du Panorama Dramatique, eut lieu le 14 avril 1821, par les ouvrages suivants :

Monsieur Boulevard, prologue en 1 acte, mêlé de couplets, par Carm... (Carmouche) et Rou... (Rougemont, avec Merle).

Boulevard, bourgeois domicilié sur le boulevard du Temple, a, dans le cours d'un voyage de plaisir, tiré d'un fossé un bonhomme affligé d'une jambe de bois et qui promit de le payer de ce service. Quand Boulevard rentre chez lui, son obligé, qui n'est autre que le Diable boiteux, lui apparaît effectivement. Exilé depuis dix années sur la terre, il devait y rester jusqu'au moment où une âme charitable l'obligerait sans intérêt; le service que Boulevard lui a rendu va lui permettre de retourner dans la patrie des diables ses confrères, aussi se déclare-il prêt à satisfaire le souhait que formera le bourgeois. Boulevard est modeste et content de son sort; une seule chose le contrarie, le mur qui est en face de sa fenêtre et lui cache le Café du Bosquet où l'on jouait jadis la comédie. Le Diable peut ressusciter ce bon temps ; sur le vœu de son bienfaiteur il bâtit d'un coup de baguette, à la place du mur malencontreux, le théâtre du Panorama Dramatique. Boulevard s'en institue directeur, examine les originaux qui lui viennent offrir leurs services, engage une troupe, et, passant à l'avant-scène, voit avec ravissement, dans un rideau de glaces que fait descendre le génie, le public qui doit remplir sa salle, au jour de l'ouverture. Le

Diable et son protégé chantent alors des couplets promettant les plus grands efforts et sollicitant l'indulgence des spectateurs présents et à venir.

Ismayl et Maryam, ou l'Arabe et la Chrétienne, pièce en 3 actes, à grand spectacle, par Frédéric (Dupetit-Méré) et *** (Taylor).

Fils d'un cheik arabe, Ismayl, blessé dans un combat, a été soigné et sauvé par Ebn-Témyn, chrétien de Jérusalem. Témyn est père de la charmante Maryam, que l'Arabe ne tarde pas à aimer et qui paie de retour l'intéressant guerrier. Mais le gouverneur de Jérusalem, après avoir fait périr Témyn, veut enchaîner Ismayl et mettre Maryam dans son sérail. Les deux amants s'enfuient au désert, où Ismayl retrouve son père. L'hymen devrait alors récompenser les fugitifs ; malheureusement la jeune fille s'est engagée par serment à n'épouser jamais un ennemi de sa religion, et, d'un autre côté, le cheik met pour condition au mariage de son fils le renoncement de Maryam au christianisme. Brisée par toutes ces péripéties, la jeune fille meurt d'épuisement ; trop épris pour lui survivre, l'Arabe se laisse ensevelir avec elle sous la montagne de sable soulevée par un terrible simoun, mais une consolante apothéose laisse entrevoir la région des félicités éternelles, où montent sur un nuage, au son de douces mélodies, Maryam et son fidèle amant.

Monsieur Boulevard, écrit avec esprit et semé de jolis couplets, fut applaudi, mais ce succès n'était rien auprès de l'accueil enthousiaste fait au drame intéressant, monté avec un luxe inouï de mise en scène,

et offrant un jeu de décorations aussi nouvelles qu'éblouissantes. Notons que le rideau de glaces, sur lequel comptaient les
administrateurs, sembla moins gracieux
que bizarre et ne fut pour rien dans l'af-
fluence des spectateurs qui, pendant plusieurs mois, applaudirent au spectacle
d'ouverture du Panorama.

C'est dans *Ismayl et Maryam* que parut pour la première fois, devant le vrai
public, un artiste qui fut, par la suite, un
des plus grands comédiens de Paris,
Bouffé. Bien qu'engagé comme comique,
il jouait un Arabe dont le rôle consistait à
faire, d'une voix mourante, le récit de la
mort de son chef. Délivré de l'emploi mé-
lodramatique il montra bientôt, dans des
personnages plaisants, un talent qui le
désigna aux suffrages des amateurs et des
journalistes.

Fier de son succès initial, le Panorama
Dramatique voulut le consolider par nombre d'ouvrages de genres différents. Enu-

mérons ces pièces en analysant les nouveautés et en notant, d'après les feuilles spéciales, l'effet que toutes produisirent.

30 avril 1821 : *Les Faubouriens de Paris, ou la Fête du peuple*, vaudeville en 1 acte, par Duperche et Dubois.

Des habitants de Paris, désignés chacun par le nom du faubourg dans lequel il réside, se sont réunis pour nommer le fils nouveau-né du père Desgaules et donner une enseigne au cabaret que celui-ci se propose d'ouvrir le jour même. Sans s'être consultés ils se trouvent d'accord sur le nom de l'enfant et sur le choix de l'enseigne. Ce rapport de sentiments et d'idées révèle en eux une sympathie dont les effets s'appliquent à l'objet de la fête, et c'est par des chants et des danses que tous la célèbrent à l'envi.

Fait à l'occasion du baptême du Duc de Bordeaux, ce vaudeville fut applaudi pour la circonstance plus que pour son mérite propre (*Non imprimé.*)

22 mai : *Une Nuit de Séville*, comédie en 1 acte, mêlée de couplets, par Théodore (Godchou).

Le Français Melval a été envoyé à Séville et vivement recommandé par son père à Dormeuil. Il tombe amoureux de la jeune Antonia, qui le reçoit chaque nuit et n'est pas insensible à sa flamme. Cependant un chagrin le tourmente ; Antonia a pour frère un nommé Storelli, dur, brutal à l'excès, et qui veut la marier contre son gré. Melval fait consentir sa maîtresse à un enlèvement nocturne, mais, au moment fixé, le frère arrive. Pendant que l'amoureux se cache derrière une table, Storelli se met en fureur, menace Antonia et la force à rentrer dans son appartement. Une suivante vient alors trouver Melval interdit, lui annonce que Storelli dort et qu'il faut profiter de l'instant pour fuir avec Antonia. Une personne voilée se présente, le Français croit reconnaître celle qu'il aime et va l'emmener quand Storelli se dévoile, accable Melval de reproches, lui dit que sa sœur ne cherchait qu'à le tromper, et lui fait voir le danger que l'on court à se livrer inconsidérément à des aventurières. Le jeune homme convaincu veut se retirer, mais Storelli arrache le bandeau dont il s'était couvert un œil et la moustache collée sur sa lèvre : c'est Dormeuil, qui a employé la ruse pour corriger de sa légèreté le fils de son ami. Melval, qui ne connaissait pas de sœur à Dormeuil, a été facilement sa dupe ; il épousera, sous le nom d'Emilie, la fausse Antonia.

De jolis détails firent applaudir cet ouvrage, dû à l'un des acteurs du Panorama. Mademoiselle Kimard, jeune personne qui débutait par le rôle d'Antonia, n'y eut point de succès et dut retourner en province.

5 juin : *Le Petit Georges, ou la Croix d'honneur*, comédie en 1 acte, mêlée de couplets, par L. Ponet et*** (Ferdinand Laloue).

Le colonel français Darmont, fait prisonnier par les Piémontais, vient d'être échangé; il aimait sa captivité qui lui permettait de voir Anna de Senicratas, jeune veuve aux soins de laquelle il doit la vie et dont il est amoureux. L'ordre est donné d'attaquer la ville qu'habite Anna ; le colonel charge le petit tambour Georges de remettre un billet à la belle, ce qu'il fait en se glissant parmi des bohémiens. Les Français vainqueurs chassent devant eux les Piémontais. Le chef de ceux-ci, Montaldi, rival du colonel, cherche refuge près d'Anna qui, pour le sauver, le fait passer pour son mari et n'ose détromper Darmont que cette nouvelle met au désespoir et qui, néanmoins, met la maison de l'infidèle sous la protection de ses troupes. Montaldi, touché de la douleur du colonel, lui dit la vérité et lui rend l'espérance. Mais le canon se fait encore entendre ; Georges reçoit une blessure en défendant le vieux soldat Durlan qui, avant d'expirer, le charge de remettre sa croix à Darmont. Georges s'acquitte de la mission, mais, comme il a pris un drapeau à l'ennemi, le colonel, pour le récompenser de cette action d'éclat, attache sur sa poitrine l'insigne de l'honneur.

La scène change à trois reprises dans cette comédie qui, malgré des épisodes intéressants, n'eut que peu de succès.

26 juin : *La Prise de corps, ou la Fortune inattendue*, folie anecdotique en 1 acte, par Léo, old (Chandezon, avec Boirie).

Le colonel Léonville habite, avec son valet Valentin, l'hôtel garni de Stolbert. L'amour et les créanciers déchirent à la fois son cœur. En Russie, où il fut prisonnier, il est devenu amoureux de Poliska, fille d'un comte qu'on lui a refusée, et sa détresse est telle qu'il ne peut payer ses hôtes qui, cha·que jour, lui font remonter un étage. Un nommé Ratinard est surtout acharné à poursuivre le colonel qu'il voudrait marier à sa sœur, affligée d'un demi-siècle. Ratinard, venu pour harceler Léonville, se rencontre dans l'hôtel avec des recors ; Valentin les lui donne pour agents de Stolbert dont il courtise la femme et qui veut le faire étriller d'importance ; pris de peur, Ratinard se cache dans la chambre du colonel absent et endosse un uniforme qui le fait, malgré ses cris, appréhender par les recors. Léonville de retour est informé qu'une étrangère vient d'acquitter ses dettes : c'est Poliska, libre d'elle-même par la mort de son père et qui finit tous les tourments du colonel en l'épousant.

Tiré d'une anecdote contée dans *la Quo-ditienne*, cette pièce dut à quelques dé-tails agréables une demi-réussite.

3 juillet : *Sydonie, ou la Famille de Meindorff*, pièce en trois actes, imitée de l'allemand, par Cu-velier et Léopold (Chandezon).

Ernest Steimberg, négociant richissime, a demandé la main de Sydonie, fille d'un second mariage du comte de Meindorff, grand seigneur allemand, mais le comte, fier de ses aïeux, a repoussé avec indignation le roturier assez osé pour élever ses vues jusqu'à l'héritière d'une noble famille. Sydonie, moins aristocrate, a été touchée de l'amour d'Ernest ; ne pouvant devenir sa femme devant les hommes, elle a consenti à l'être devant Dieu et porte en son sein le fruit de cet hy-men secret. Meindorff cependant, dont les circonstances ont ébranlé la fortune et le crédit, veut raffermir l'une et l'autre en mariant Sydonie au puissant prince de Rosenthal. Rodolphe, fils du premier lit du comte, plus orgueilleux encore que son père de sa noble origine, approuve fort l'union projetée ; il en veut à Ernest d'avoir demandé sa sœur, et son mécontentement devient de la haine quand Sydonie, pressée de signer le contrat qui doit la lier au prince, avoue être la femme du négociant. La haine de Rodolphe s'étend à sa sœur, et il persuade au comte que l'honneur de la famille exige la disparition de la coupable. Meindorff, bien qu'aimant sa fille, n'ose s'opposer aux projets de Rodolphe, et ce dernier enferme Sydonie dans la chapelle souterraine où dorment ses ancêtres. Ernest qui, sous un déguisement de domestique, s'est introduit dans le château de Meindorff et a vainement attendu Sydonie, au rendez-vous fixé pour un enlèvement, s'inquiète bientôt de la disparition de son épouse. Pendant que la comtesse, mise dans ses intérêts, se rend chez Rosenthal pour implorer son aide, Steimberg, feignant de servir les projets de Rodolphe, apprend de lui le lieu où gémit Sydonie ; il y pénètre et délivre sa femme, à la grande fureur de Rodolphe qui va lui arracher la vie quand la comtesse survient avec Rosenthal, qui flétrit Rodolphe et annonce à Ernest que le souverain l'admet dans sa cour. Le comte embrasse sa fille et son gendre qui lui pardonnent, mais Rodolphe, que ce dénouement exaspère, refuse la main tendue par le généreux Ernest et se tue d'un coup de pistolet.

Mélodrame noir, aux combinaisons naïves, au style médiocre, et qui fut néanmoins applaudi.

14 août : *Le Savetier de la rue Charlot, ou les*

Sœurs rivales, comédie anecdotique en un acte, par Maréchalle et Ch. Hubert.

Lambert, marin original, est parti pour l'Amérique, dans l'intention d'y augmenter sa fortune ; mais, avant son départ, il a laissé à Madame Varnier, sa nièce, assez d'argent pour s'établir et élever convenablement sa jeune sœur Charlotte. Madame Varnier est de l'étoffe dont sont faites les mauvaises femmes. Jalouse de sa sœur, elle la rend malheureuse, à l'instigation de sa femme de confiance Delphine, et son antipathie redouble quand elle apprend que le clerc d'huissier Edouard, dont elle croyait avoir conquis la tendresse, n'aime que Charlotte. Elle finit par chasser la pauvrette. Cependant, quinze ans après son départ, Lambert est revenu millionnaire ; mais, comme on lui a dit que Charlotte n'était pas heureuse, il a voulu s'en assurer par lui-même, et, endossant des habits de savetier, il s'est installé dans une échoppe vacante en face du magasin de Madame Varnier. De cet endroit il dirige son enquête ; édifié, il pénètre chez sa nièce aînée et la somme de reprendre sa sœur qu'il a recueillie ; au refus de Madame Varnier il se fait connaître, chasse Delphine, marie Charlotte à Edouard, et donne à la sœur coupable une leçon qui la corrige.

Jolie comédie, dialoguée avec esprit, très morale et qu'on applaudit justement.

24 août : *La Fête au village*, à-propos en 1 acte, mêlé de couplets, par Charles Dupeuty et Ferdinand de Villeneuve.

Grigou, greffier aux Vertus, près Paris, remplace depuis

deux jours le maire absent de cette commune. Il sollicite une
place pour son fils Bétinet, qui a pour concurrent Franval,
officier à demi-solde. Bétinet échoue, et Grigou, se fâchant,
fait tomber sa colère sur les habitants du village qu'il empêche de danser. Le marinier Laviron conte à Franval la
déception des villageois ; l'officier, pour y mettre un terme,
fait croire au greffier que son fils a obtenu l'emploi solli-
cité ; Grigou alors se déride, ordonne qu'on s'amuse et marie
Laviron avec Manon la blanchisseuse. Quand il apprend que
Franval l'a emporté sur Bétinet, il est trop tard pour révo-
quer ses derniers ordres, et chacun rit à ses dépens.

Ecrit pour le spectacle gratis donné à
l'occasion de la fête du roi, ce vaudeville
eut le succès de tous les à-propos (*Non
imprimé*).

15 septembre : *Le Temple de la Mort, ou Ogier-
le-Danois,* pièce en 3 actes, par Cuvelier et Léopold (Chandezon).

Olaüs, simple écuyer à la cour de Gotheric, roi des Scan-
dinaves, s'est fait aimer d'Edwa, fille de ce prince, qui se
refuse à épouser Siward, favori de son père. On enferme la
jeune fille, on fait courir le bruit de sa mort, et Olaüs se
retire à la cour de France.

Revenu en Scandinavie comme ambassadeur de Charlemagne, sous le nom d'Ogier-le-Danois, Olaüs apprend
qu'Edwa a été confiée à Orbaïde, prophétesse du Temple de
la Mort. Malgré le titre dont il est décoré, Olaüs est pros-
crit ; méprisant cet arrêt il court au Temple, on le saisit

pour le plonger dans un cachot. En même temps Siward tue Gotheric, pour s'emparer du trône. Edwa, qui s'était déguisée en garde pour parvenir auprès de son père, est accusée de ce meurtre et jetée dans le même cachot que son amant. Délivré par les soins d'un ami, Olaüs-Ogier, à la tête des Français, poursuit Siward jusque dans le Temple de la Mort. La statue qui s'y trouve s'empare de Siward, l'engloutit, et Orbaïde unit Edwa à Olaüs qu'attend la couronne.

Imité de divers ouvrages, ce mélodrame réussit surtout par la beauté des décors, dus au directeur-peintre.

13 octobre : *Les Cinq cousins*, vaudeville épisodique en un acte, par Maréchalle et Ch. Hubert.

Démani a cinq neveux dispersés dans le monde et qu'il convoque à Paris pour la répartition de l'héritage d'un de ses frères. Parmi ces héritiers Démani espère bien trouver un mari pour sa fille Adèle ; mais, comme il a cette idée bizarre que l'amour est plus nuisible qu'utile en ménage, il ne donnera la main d'Adèle qu'à celui de ses cousins qui ne manifestera aucun penchant pour elle. Parmi les concurrents, Adèle n'en connaît qu'un, le lieutenant Victor, qu'elle aime et dont elle est aimée. Prévenir Victor de la résolution de Démani est la première chose que fait la jeune fille. Victor est intelligent autant qu'amoureux ; il rêve de conquérir Adèle avant l'arrivée de ses rivaux et se présente successivement à Démani sous les habits d'un auteur gascon, d'un marin provençal, d'un lord anglais et d'un avocat normand. Chacun de ces pseudo-cousins ne manque pas de feindre, pour Adèle, une admiration qui détache d'eux l'original Démani. Quand Victor se présente une cinquième fois, sous sa véritable apparence, il a bien soin, au contraire, d'afficher la plus complète indifférence pour sa cousine, ce qui fait que Démani lui offre la main d'Adèle et s'engage avec lui de façon à ne pouvoir se dédire quand la vérité est connue.

De la gaîté, de jolis couplets assurèrent le succès de cette pièce à tiroirs, dont le rôle principal servait au début de Francisque aîné.

3o octobre : *Le Délateur*, drame en trois actes, traduit de l'italien de Camillo Federici (par Charles Nodier et Taylor).

La scène se passe à Pise, à la fin du seizième siècle. Sans travail, sans pain, abandonnée de tous, la famille Benamati vit dans une extrême indigence. Pietro et Lorenzo Benamati, qui ne peuvent être d'aucun secours à leur mère, vont la voir mourir de besoin quand ils entendent publier un édit qui promet mille pièces d'or au délateur de l'assassin d'un noble Pisan. Ils imaginent alors de jouer, Lorenzo le rôle du coupable, Pietro celui du dénonciateur, ce qu'ils exécutent avec promptitude. On les croit d'abord, l'assassiné ayant fait beaucoup de mal à leur famille, mais la chaleur même qu'ils mettent à s'accuser éveille les soupçons du chef de la justice qui procède à une enquête minutieuse, découvre le véritable criminel, et, profondément touché du dévouement sublime des jeunes gens, les adopte pour fils, assurant ainsi leur avenir et celui de leur mère bien-aimée.

Sujet larmoyant, mais traité avec une sobriété intéressante qui le fit applaudir.

10 novembre : *L'Auvergnat, ou le Marchand de peaux de lapins,* comédie en un acte, tirée des OEuvres de Darnaud par Maréchalle et Auguste G*** (Gombault).

Pour éprouver le cœur de l'auvergnat Léonard, marchand de peaux de lapins, dont on lui a vanté les nobles sentiments, Madame Morin, riche bourgeoise, se donne comme indigente et reçoit du négociant philanthrope une généreuse offrande. Elle se fait connaître alors et installe dans une belle chambre l'auvergnat qui ne peut en croire ses yeux et ses oreilles. Madame Morin a une jolie fille, Elise, et un frère ridicule, Jobinet, qui prétend ne marier sa nièce qu'à un homme millionnaire et titré. Jules, amant d'Elise, ne remplit aucune de ces conditions, mais, avec l'aide d'un valet peu scrupuleux, il se fait fort d'exhiber à Jobinet des titres éblouissants. Tout en jouant vis-à-vis de l'oncle ce rôle peu délicat, Jules met sa conscience en règle en confessant la vérité à Madame Morin et à sa fille. Bien lui en prend, car Léonard, qui n'est autre que son père, surprend son projet, gagne à son tour le valet, et, au lieu des parchemins qu'attend Jobinet, lui fait présenter des peaux de lapins. Comme, au milieu de ces dépouilles, figure le titre de propriété d'une ferme rapportant dix mille francs de rentes, Jobinet s'adoucit, Jules épouse Elise, et l'Auvergnat entre définitivement dans la famille de celle qui fut tour à tour son obligée et sa bienfaitrice.

Ecrit à la louange des cœurs généreux,

cet ouvrage, sévèrement traité à la première représentation, se releva aux suivantes, et fut vu nombre de fois avec plaisir.

24 novembre : *Rosalba d'Arandès,* pièce en trois actes, à grand spectacle, par Caigniez et P. Villiers.

Nommé vice-roi de Castille pendant une absence du monarque qui guerroie dans les Flandres, le marquis de Torellas a profité de son pouvoir pour commettre nombre d'exactions, de crimes même qui ont soulevé contre lui la haine générale. Il s'en inquiète peu et projette une infamie nouvelle. Il a attiré dans son palais Rosalba d'Arandès, amie de sa femme Inès et sœur de D'Arandès favori du roi, et, à la faveur d'une fête, il veut abuser d'elle. Rosalba échappe au déshonneur, mais, affolée par le péril, elle se jette dans un lac glacé où elle prend le germe d'une grave maladie. Au retour du roi, cependant, Torellas est mis en état d'arrestation, et, si grande est la somme de ses fautes, que la cour suprême de Madrid le condamne à mourir. D'Arandès a été protégé jadis par Torellas, il lui en est reconnaissant et va s'employer à lui sauver la vie quand une lettre de Rosalba lui arrive. Du couvent de l'Annonciade, où elle est couchée sur un lit de mort, la pauvre fille raconte l'outrage qu'elle a subi et demande vengeance à son frère. La rage de D'Arandès à cette lecture égale son indignation ; il sauvera quand même les jours de Torellas, mais pour contraindre l'infâme à un combat mortel. En conduisant Torellas au lieu fixé pour son exil, D'Arandès le provoque ; au milieu du duel Inès, qui n'abandonne pas son mari, fond avec des partisans sur les soldats de D'Arandès et délivre un instant Torellas, mais le criminel, dangereusement blessé, est bientôt repris, et il expire sous les yeux de D'Arandès, tandis que le convoi de Rosalba traverse le fond du théâtre.

Mélodrame construit dans les règles, qui fut sifflé pendant les deux premiers actes et se releva au troisième, grâce à une belle décoration.

5 décembre : *Ma tante Rose*, comédie en un acte, par L. -T. Gilbert.

Madame Rose, hôtelière riche, vieille et coquette, s'est éprise du jeune Armand Derville, bien que celui-ci n'ait rien fait pour lui plaire. Il aime d'ailleurs la nièce de l'aubergiste, mais il a quantité de dettes, contractées sur les conseils d'un valet fripon, et ne sait comment échapper aux recors qui le guettent et à la ridicule tendresse qui le poursuit. Heureusement l'oncle d'Armand survient. Comme tous les oncles de comédie, il tonne d'abord contre le mauvais sujet, puis il s'attendrit, désintéresse les créanciers, et marie les amoureux, à la grande colère de Madame Rose qui, par dépit, épouse un vieil huissier accouru pour appréhender au corps le jeune étourdi.

Pièce mal écrite, mais vive et assez gaie, qui obtint un demi-succès.

16 décembre : *Victor, ou l'Enfant de la forêt*, mélodrame en 3 actes, par Guilbert de Pixérécourt.

Le Panorama Dramatique, qui avait jusque-là subsisté sur son propre fonds, ouvrit, avec cet ouvrage, la série des reprises que nous allons voir alterner désormais avec les pièces nouvelles.

Victor, joué d'origine à l'Ambigu en 1798, et passé en 1802 au répertoire de la Porte-Saint-Martin, avait subi, de la part de l'auteur, quelques modifications nécessitées par le cadre du Panorama ; on l'accueillit avec faveur.

31 décembre : *Le Petit espiègle et la Bonne sœur*, enfantillage en un acte, par Maréchalle et Ch. Hubert.

Madame Germeuil a eu, de deux maris, deux enfants de caractères dissemblables. L'un, Achille, âgé de dix ans, est le garçon le plus turbulent, le plus espiègle qu'on puisse voir ; l'autre, Elisa, d'un an plus jeune, est la douceur, la sagesse en personne. Madame Germeuil comble de tendresse sa fille qui vit avec elle, tandis qu'elle fait élever au collège de Versailles l'insupportable Achille. Ce dernier cependant a le cœur tendre ; il le prouve en s'évadant du collège où il est consigné pour venir souhaiter la fête à sa mère qu'il adore malgré ses rigueurs, mais, craignant d'être mal reçu par elle, il imagine de s'habiller en ramoneur et de s'introduire chez Madame Germeuil par la cheminée. Sans le reconnaître, la dame l'accueille avec bonté et va même jusqu'à lui donner une lettre destinée à attendrir une mère trop sévère qu'il dit avoir laissée dans sa montagne. Madame Germeuil éloignée, Achille se fait reconnaître d'Elisa et, avec son aide, reprend des habits convenables pour se cacher au milieu d'un immense bouquet destiné à leur mère. En le voyant surgir du sein des fleurs, tenant à la main la lettre qu'elle a donnée au petit ramoneur, Madame Germeuil ne peut que tendre les bras à Achille, en promettant de le garder à l'avenir près d'elle.

Cette pièce, ingénieuse et bien faite, eut du succès. Elle était jouée, paraît-il, avec un réel talent par deux petits acteurs, Lingot et Fanfette Bordes, que le Panorama voulait sans doute opposer aux étoiles enfantines du Gymnase : Léontine Fay et Virginie Déjazet.

15 janvier 1822 : *L'Auberge dramatique*, comédie en un acte, par Constant Berrier et Armand Overnay.

S'imaginant à tort que son oncle Dufour veut lui faire épouser une personne autre que celle qu'il aime, Eugène fuit avec son valet. Tous deux arrivent dans une auberge où se trouve une troupe de comédiens. Sans argent, sans ressources, ils se disent artistes et s'engagent. Mais l'oncle d'Eugène, courant après lui, s'arrête dans la même auberge, où on le prend d'abord pour le fameux Lekain; il finit cependant par voir son neveu, qui consent à retourner chez lui en apprenant que la femme qu'on lui destine est précisément celle qu'il désirait.

Des quiproquos plus ou moins plaisants, des parodies plus ou moins spirituelles, sauvèrent cet ouvrage auquel, pour lui donner un air de circonstance, les acteurs avaient ajouté quelques couplets en l'honneur de Molière, dont l'anniversaire était célébré ce jour-là. (*Non imprimé.*)

5 février : *Catherine, ou la Bataille du Pruth*, mélodrame en trois actes, par Boirie, Tournemine et Pierre Dubois.

La scène se passe sur les bords du Pruth, où les armées russe et ottomane sont en présence. Catherine, qui n'est encore que la maîtresse du czar Pierre, a pour ennemis Wazielvitz, chef des boyards, et Wolzonski, généralissime ; mais ce dernier voudrait se délivrer d'elle par des moyens honnêtes, tandis que Wazielvitz rêve un assassinat qu'il va commettre quand un soldat le frappe mortellement. Pierre, quelque temps auparavant, a surpris trois soldats en maraude, et, par respect pour la discipline militaire, les a condamnés à mort. Parmi ces malheureux, Catherine reconnaît Charles, son frère, et demande sa grâce ; pour toute faveur le czar ordonne que le sort choisisse une victime parmi les trois coupables ; c'est Charles qui est désigné, et il subirait son sort si Wolzonski, revenu à de meilleurs sentiments pour Catherine, n'aidait celle-ci à soustraire Charles à l'échafaud. Catherine remet à son frère une lettre pour le Grand Vizir avec tous ses diamants qu'elle offre à ce chef en échange de la paix, et Charles franchit les lignes pour accomplir sa mission. Cependant Wazielvitz n'est pas mort sans avoir

vomi d'atroces calomnies contre Catherine ; le czar, qui s'aperçoit de la disparition des diamants et ne peut en obtenir
l'explication, se croit trahi et va, pour oublier son chagrin,
livrer bataille, quand des cris de joie se font entendre :
Charles et le Grand-Vizir apportent un traité de paix. La
conduite de Catherine se découvre alors, et Pierre, honteux
de l'avoir un instant soupçonnée, la couronne aux yeux de
tous ses soldats.

Plein de mouvement et d'intérêt, montrant en outre de très beaux décors, cette
pièce à peu près historique, obtint d'unanimes applaudissements ; elle est pourtant
restée manuscrite.

12 mars : *Le Courrier de Naples,* mélodrame
historique en trois actes, par Boirie, D'Aubigny et
Poujol père.

Alserno et Relci, aventuriers italiens, guettent, à l'auberge
du village de San-Marco, le passage du courrier de Naples,
porteur de cent vingt mille livres, et auprès duquel est monté
Montréal leur ami. Tous trois doivent assassiner et dépouiller le courrier dans la forêt de Calabre. L'aubergiste de San-
Marco, Madame Manzano et sa fille Georgetta attendent avec
impatience le jeune Ferdinand de Belmonté, qui doit se rendre à Cozenza, capitale de la Calabre Citérieure, pour épouser la fille de Sorretto, grand bailli. Ferdinand arrive, mais
il est triste. Jeune, sans fortune, ce n'est qu'à l'amour qu'il
a inspiré à Palmyra qu'il doit la faveur de s'allier à une famille riche et puissante. Il voulait faire un présent à sa
future et Sorretto lui avait remis en secret l'argent nécessaire,

mais il eut le malheur de rencontrer un jeune homme qui l'entraîna dans une maison de jeu où il perdit les deux tiers de la somme destinée à payer le bijoutier, et il craint que la faute ainsi commise empêche l'accomplissement de son mariage. Cette confidence, il la fait à Sanelza, son ancien camarade de collège, que le hasard amène dans l'auberge. Craignant que son ami ne soit devenu joueur, Sanelza, quoique riche, refuse d'abord de prêter les deux mille piastres qu'on lui demande, puis il se ravise et, sans prévenir Ferdinand, part pour Cozenza afin de retirer chez le bijoutier Félicard l'écrin commandé pour Palmyra, car il a sur lui la somme qu'il avait dit à son ami ne pas posséder.

On est à Cozenza. Sanelza a pris livraison de l'écrin, l'a remis à Ferdinand, et Palmyra s'en est parée. Le mariage des jeunes gens se célèbre gaîment, quand une grave nouvelle trouble la fête : le courrier de Naples a été assassiné. Deux des coupables, Montréal et Relci, faits prisonniers, sont amenés chez Sorretto qui, en sa qualité de grand bailli, doit les interroger et écouter les témoins convoqués. Parmi ces témoins sont Madame Manzano et sa fille Georgetta ; trompées par la ressemblance qui existe entre Alserno et Sanelza, les deux femmes jurent, sur le salut de leur âme, que ce dernier est le troisième assassin du courrier. Sanelza, fort de sa probité, proteste contre cette accusation monstrueuse, mais tout se réunit pour accabler le malheureux, même les précautions qu'il a prises pour obliger Ferdinand sans que nul ne s'en doute. En vain Montréal et Relci, touchés de la résignation, du courage de leur co-accusé, proclament-ils son innocence en avouant leur propre culpabilité, le tribunal condamne Sanelza et ses deux prétendus complices à la peine capitale. Ils vont marcher au supplice quand Alserno, enfin arrêté, est amené devant le grand bailli qui, avec les plus humbles excuses, rend à Sanelza l'honneur et la liberté.

C'est, moins le dénouement, la dramatique histoire de Lesurques, que la censure avait fait transformer en aventure napolitaine. En dépit de ce travestissement, dont le public ne fut pas dupe, la pièce obtint un grand succès.

24 mars : *Les Enfants Maîtres*, vaudeville en un acte, par Amédée Labesse.

Dans quelques contrées et surtout dans les Pays-Bas, il est d'usage, à certain jour de l'année, de laisser aux enfants l'entière disposition de la maison et de ceux qui l'habitent Le comte et la comtesse de Mérinval, suivant cette coutume, donnent à leur fils Edouard et à leur fille Lucile un jour de pouvoir dans leur château. On s'attend à ce que les deux espiègles vont, comme les années précédentes, mettre tout en désordre, mais le contraire arrive. Edouard et Lucile ont résolu, non seulement d'être sages, mais encore de réconcilier leurs parents avec M. Liban, voisin fort aimable qu'un procès a seul éloigné. Faisant usage de leur autorité, ils mandent M. Liban au château, et là, par mille petits soins, ils parviennent à supprimer le procès en réconciliant les adversaires. Puis, sacrifiant les goûts de leur âge, ils emploient l'argent dont ils disposent à doter un jardinier pauvre qui peut, grâce à eux, épouser sa fiancée.

Ce tableau, moral et de bon ton, parut un peu froid. Il avait pour interprètes les deux enfants prodiges du Panorama, Lin-

got et la petite Bordes qui, selon les jour-
naux, y montrèrent une aisance et une
gentillesse au-dessus de leur âge. (*Non
imprimé.*)

Le Panorama Dramatique eut, à propos
des *Enfants Maîtres,* son second débat
avec la censure. La pièce était intitulée
d'abord : *le Pouvoir d'un jour*, mais les
censeurs, craignant des allusions, biffè-
rent ces mots, donnant eux-mêmes au
pouvoir la chiquenaude à laquelle l'auteur
n'avait point songé.

Le 1er avril 1822, M. Langlois rem-
plaça, comme directeur du Panorama
Dramatique, M. Allaux dont les efforts
avaient été, somme toute, plus multipliés
que satisfaisants.

Un document conservé à la Bibliothè-
que de la Société des Auteurs et Compo-
siteurs dramatiques nous renseignera, de
la façon la plus complète, sur les dépenses
nécessitées, à cette époque, par l'exploitation d'un théâtre. Il fut évidemment

dressé, par les soins du directeur initial, pour l'édification du successeur qu'il appelait de tous ses vœux. Nous donnons en entier ce budget, dont souriront peut-être les *étoiles* et les administrateurs du Châtelet de nos jours.

THÉATRE DU PANORAMA DRAMATIQUE

ARTISTES HOMMES

MM. Solomé, régisseur	4000
Camiade.	2000
Francisque.	1800
Gauthier.	1800
Legros.	1800
Vautrin.	1200
Faure	1000
Monnet.	1000
Godchou Th^re	900
Plançon	800
Lefèvre.	600
A reporter . . .	16.900

Report	16.900
Serres	500
Bouffé	300
Travers	300
Silvestre	300
Louis Pousseux	300
Delacroix, souffleur	800
	19.400

ARTISTES DAMES

Mmes Belfort	2000
Mercier	1800
Marciany	1200
Florville	1100
Louis	1000
Lecomte	1000
Gobert	1200
Eugénie	800
Laure	300
	10.400

BALLET

HOMMES

MM. Renauzy, chef	1500
Josse	700
Duriès	600
Bourgeois	600
Bégrand	600
A reporter	4.000

	Report . . .	4.000
Hartewig.		600
Charlemagne.		450
Clato.		450
Belcour.		450
Delfour.		400
		6.350

DAMES

MM. Pallière.		1000
Marivin.		900
Mmes Varnier.		500
Gossard.		600
Chevalier.		500
Roussel.		450
Coutan.		450
Honorine.		450
Tissot		450
		5.300

ENFANTS

MM. Lingot		180
Gaucher		110
Les 11 autres à 72 fr. par an		792
Mlles Boullet		144
Victorine.		96
Jenny		96
Les 14 autres à 72 fr. par an.		1008
		2.426

3

COMPARSES

MM. Langevin, chef de peloton	240
Henry »	264
Guérin »	240
Et 28 autres, tant hommes que femmes	
à raison de 180 fr. par an	5.040
	5.784

MUSICIENS

MM. Marty,	chef d'orchestre.	1500
James,	violon.	900
Pelé,	id. . , ...	180
Dertainville,	id.	500
Delamotte,	id.	500
Even,	id.	600
Jupin,	id	600
Delachaussière,	id	600
Letacy,	id	600
Ista,	id	600
Armand,	alto.	500
Roger,	basse	700
Mierff,	contre-basse	500
Delacour,	id	500
Bessière,	cor	800
Mantelly,	id	650

A reporter . . . 10.230

Report . . .   10.230

MM. Saint-Félix,	clarinette	650
Moreau,	hautbois	720
Guérin,	flûte	600
Mallet,	clarinette	370
Chevallier,	basson.	600
Georges,	timballier	400
Lengeldorff,	trombone	500

14.070

MACHINISTES

MM. Thomas	1800
Vauquelin fils.	1200
et 7 autres à 1000 fr.	7000

10.000

GARÇONS DE THÉATRE

8 garçons de théâtre à 800 fr. par an :   6.400

OUVRIERS A LA JOURNÉE

3 du côté de la cour, à 75 c. par jour	2,25	821.25
4 du côté du jardin,	id.	3	1095
9 sous le théâtre,	id.	6.75	2463.75
11 au cintre,	id.	8.25	3011.25

7391.25

ACCESSOIRES

Verjaut, par jour	2	
Deforges, pour le soir	» 75	
Corroy, porteur de billets aux journaux	» 75	
	3.50	1277 50

MAGASIN

MM. Factus, costumier	1200
Bonnissède	800
Sorel	800
Coquet	600
Mᵐᵉˢ Campigny	800
Champiret	600
Rubin, habilleuse	500
Sorrel »	500
	5.800

PERRUQUIER

Thomas	800

CONTROLE

MM. Alphroy, contrôleur	1200
Campigny, »	1000
A reporter . . .	2.200

	Report . . .	2.200
MM. Firmin,	contrôleur.	1000
Berger,	sous-contrôleur	600
Fonbone,	placeur.	250
		4.050

BUREAUX

MM. Richard.	300
Candel, au bur. des suppléments .	300
Alphroy	300
Nicole	300
	1.200

PORTIERS ET OUVREURS DE LOGES

M. Combe, au parquet.	250
Prisette, id	250
Jauzon, 3ᵉ amphithéâtre.	200
Mᵐᵉ X..., porte du théâtre.	250
Et 13 autres dames à 96 fr. par an . . .	1248
	2.198

LAMPISTES

3 lampistes, un à 2 f. 50 et deux à 2 fr. 25	
par jour, fait par jour 7 fr. et par an :	2.555

BALAYEURS

3 balayeurs à 1 fr. 5o par jour fait
4 fr. 5o et, par an, ... 1642.5o

CONCIERGE

M. Carlier. 800

CAISSE

M. Fleury, caissier . . . . 3.600·

IMPRIMEUR ET AFFICHEUR

Par mois 5oo fr., ce qui fait par an. . . 6.000

POMPIERS ET GENDARMES

Ces deux objets coûtent à peu près 1100
fr. par mois 13.200

DROITS D'AUTEURS

Les droits d'auteurs se sont montés à environ 15oo fr. par mois, ce qui fait par an. 18.000

DIRECTEUR

On ne peut offrir moins de 6.000

GÉRANTS

2 à 6000 fr. chacun. 12.000
_____
18.000

LUMINAIRE

Cet article se monte à 1500 fr. par mois,
par an 18.000

RÉCAPITULATION

Artistes hommes.	19.400
Artistes dames.	10.400
Ballet hommes.	6.350
Ballet dames	5.300
Ballet enfants	2.426
Comparses.	5.784
Orchestre	14.070
Machinistes	10.000
Garçons de théâtre.	6.400
Ouvriers à la journée	7.391.25
Accessoires	1.277.50
Magasin	5.800
Perruquier	800
Contrôle	4.050
Bureaux	1.200
Ouvreuses de loges.	2.198
Lampistes	2.555
Balayeurs.	1.642.50
Caisse	3.600
Imprimeur, afficheur.	6.000
Concierge.	800
A reporter . . .	117.444.25

Report . . . 117.444.25
Pompiers et gendarmes. 13.200
Droits d'auteurs 18.000
Directeur et gérants 18.000
Luminaire. 18.000

184.644.25

Intérêts des actions.. . . . 8.000
Intérêts pour le prix du ter-
rain 4.000
Intérêts de la dette flottante. 4.900   16.900
A M. Allaux, pour son privilège,
environ. 12.000

Total général de la dépense. . . . 213.544.25

En ce non compris les droits des pauvres et de
l'Opéra.

En regard des dépenses inévitables du
Panorama, il nous paraît bon de placer le
prix des places à ce théâtre et de donner
ainsi, par approximation, le chiffre de ses
recettes possibles :

Avant-scène. . . . . 4 fr.
Premières et loges de face 3.60
Baignoires, 1re de côté et 2e de face . . . 2.40

Première galerie et seconde de face . . . 2.00
Pourtour et 2ᵐᵉ galerie 1.50
Orchestre 1.80
Parquet 1.25
Premier amphithéâtre 0.90
Second amphithéâtre 0.60

Il eût fallu, pour encaisser un bénéfice, faire quotidiennement deux tiers de recette à plein tarif, c'est là chose inusitée dans la plupart des théâtres, et le Panorama n'avait, dans son répertoire et sa troupe, rien qui pût motiver une dérogation à la loi commune.

Après avoir fait à la salle quelques modifications indiquées par l'expérience, supprimé le rideau de glaces dont la manœuvre agaçait le public, et institué un comité de lecture composé de Charles Nodier, Taylor, Merville, Decailleux, Gosse, Delatouche, Jal et Bert, M. Langlois continua la tradition de son prédécesseur en prodiguant aux spectateurs du boulevard nouveautés et reprises. Enregistrons, comme précédemment, les unes et les autres.

16 avril : *Les Deux Pensions*, tableau en 1 acte, mêlé de couplets, par Maréchalle et Ch. Hubert.

La scène est à Paris, près la barrière des Vertus. M. Lebeau tient un pensionnat de garçons et Madame Follette dirige une pension de demoiselles. Ces établissements, séparés par un mur mitoyen, renferment, le premier Gustave, espiègle de dix ans, le second Pauline, d'un an moins âgée, et qui sont destinés à être plus tard unis en mariage. Ils le savent et ne seraient pas fâchés de se voir librement. Pour y arriver, Gustave jette par dessus le mur à Pauline un habillement de garçon tandis que Pauline lui fait parvenir, par la même voie, un costume de fille ; ils n'ont plus alors qu'à guetter les moments où la porte placée dans le mur mitoyen reste ouverte pour se trouver l'un près de l'autre. Ces moments sont d'autant plus fréquents que M. Lebeau courtise en tout bien tout honneur Madame Follette, et que Jacquot, jardinier de cette dernière, serre de près Modeste, gouvernante de M. Lebeau. Le déguisement des petits fiancés leur attire parfois des mésaventures ; c'est ainsi que Gustave, pris pour une fille, est obligé de recevoir une leçon de danse pendant que Pauline, prise pour un garçon, subit un assaut d'armes ; ils se dédommagent de ces contre-temps en jouant toutes sortes de mauvais tours à leurs maîtres et à leurs suppléants. Profitant même d'une absence de M. Lebeau et de Madame Follette dînant en partie fine à Belleville, ils font passer les filles dans la pension des garçons et les garçons dans la pension des filles. Se sentant en faute, M. Lebeau et Madame Follette n'osent sévir, mais ils annoncent publiquement leur prochain mariage et la réunion de leurs établissements, double événement qui n'empêchera pas Gustave et Pauline de continuer leurs rendez-vous clandestins.

Moins édifiant que *les Enfants Maîtres*, cet ouvrage servait encore à produire les petites étoiles sur lesquelles le Panorama comptait trop sans doute, car elles plurent moins à cette troisième exhibition et disparurent bientôt du firmament dramatique.

30 avril : *La Bonne Mère*, comédie en 1 acte, par Florian.

Créée en 1785, cette jolie pièce, reprise pour les débuts de Bertin et Dubiez, acteurs sortant des Variétés, et de Mademoiselle Hugo, transfuge du Gymnase, ne pouvait être que bien accueillie.

2 mai : *Walter de Montbarrey*, mélodrame en 3 actes, par B. de Rougemont.

Représenté avec succès au théâtre de la Cité, le 12 septembre 1805, sous le titre d'*Odon de Saint-Amand, grand-maître des Templiers*, ce drame débaptisé fut reçu au Panorama avec une froideur marquée.

11 mai : *Le Déserteur*, ballet-pantomime en 3 actes, de Dauberval, remis au théâtre par Aumer.

Joué pour la première fois à la Porte-Saint-Martin le 30 juin 1804, cet ouvrage servit au début de Mademoiselle Chéza, mime-danseuse qui y produisit grand effet.

22 mai : *Le Lutin amoureux*, pièce en 2 actes, à spectacle, par B. de Rougemont.

La scène est en Italie. Le baron de Germaly veut unir son neveu Gustave à une jeune personne que celui-ci ne connaît pas, à sa nièce Caroline. Gustave croit à la magie, il est entretenu dans ses idées par un chevalier d'industrie qui se prétend l'élève de Cagliostro et a promis de l'initier aux sciences cabalistiques. Le baron, instruit des travers de son neveu par un domestique placé près de lui, y voit un moyen de l'amener à épouser sa cousine. Déjà il a fait placer le portrait de Caroline sous les yeux de Gustave, qui se persuade voir la femme que le sort lui destine. L'adroit valet profite ensuite d'un dîner pour faire prendre un somnifère à son maître et le transporter, sans qu'il s'en doute, au château du baron où tout est disposé pour le faire marcher de surprise en surprise. En effet le jeune homme ne reconnaissant pas, à son réveil, le lieu où il se trouve, s'emporte contre son domestique et l'envoie au diable. Un effroyable magicien paraît aussitôt, et Gustave voit auprès de lui, sous l'habit d'un page, la femme dont il possède déjà le portrait.

Forcé de retourner à Naples, Gustave verse en route et s'arrête dans une misérable auberge. A l'instant où ses regards sont fixés sur un tableau magique qui lui retrace la figure du portrait et du page, il voit entrer, d'un côté opposé, une jeune servante qui lui en offre la ressemblance parfaite. Frappé de cette apparition, il est près de tomber aux genoux de la jeune personne qui se dit un esprit céleste, lorsque son valet annonce l'arrivée du baron. Gustave hésite d'abord à révéler l'état de son âme, cependant il finit par avouer sa faiblesse pour une intelligence supérieure. Sa surprise est grande en entendant son oncle déclarer que lui-même s'est longtemps occupé de nécromancie ; pour lui donner une preuve de son pouvoir le baron fait un geste ; aussitôt le théâtre change et représente un des jardins du château d'où le jeune homme n'est pas sorti, et dans lequel se promène l'original du portrait. Au moment où Gustave va lui renouveler ses serments d'amour, le maître de l'auberge se présente, un mémoire à la main ; c'est celui des frais extraordinaires nécessités par les costumes, décors et machines de la salle de spectacle du château de Germaly où l'action se passe. Gustave confus serre la main de son oncle et épouse Caroline que, malgré sa terrestre origine, il juge très capable de le rendre heureux

C'est *le Diable amoureux* de Cazotte, mis en scène avec quelque talent, mais sans grand succès. (*Non imprimé.*)

1er juin : *Annette et Lubin*, ballet-pantomime en 1 acte, de Dauberval, remis au théâtre par Aumer.

De la Porte Saint-Martin, 23 mai 1804 ;
continuation des débuts de Mademoiselle
Chéza, fêtée de nouveau.

4 juin : *Le Fou raisonnable*, comédie en 1 acte,
par J. Patrat.

Début de M. Hérault dans cette pièce,
jouée d'abord aux Variétés-Amusantes,
le 9 juillet 1781.

6 juin : *Les Deux Billets*, comédie en 1 acte,
par Florian.

Créée par les Comédiens Italiens le
9 février 1779, cette comédie fut reçue
moins favorablement que *la Bonne Mère*.

8 juin : *La Fille mal gardée*, ballet-pantomime
de Dauberval, remis à la scène par Aumer.

Troisième emprunt, pour Mademoiselle
Chéza, à la Porte-Saint-Martin, qui avait
donné ce ballet le 3 juin 1804.

11 juin : *Céleste et Faldoni*, drame historique
en 3 actes, par Augustin Hapdé.

Ce drame, représenté à l'Odéon le 16 juin 1812, y avait obtenu un succès qu'il ne retrouva pas au Panorama, où on le reprit pour les débuts de Tautin et de Mademoiselle Hugens.

27 juin : *Claudinet*, vaudeville en 1 acte, par Bosquier-Gavaudan (avec Sewrin).

Emprunté aux Variétés, où on l'avait joué le 21 avril 1808, *Claudinet* n'eut pas lieu d'être satisfait de son nouveau public.

9 juillet : *Ali-Pacha*, mélodrame en 3 actes, à grand spectacle, par Hyacinthe (Decomberousse) et Alfred (Pichat).

Echappé seul à la destruction de Souli, Xénoclès a voué à Ali-Thébélen, pacha de Janina, une haine implacable. Quand Ali, après de nombreux combats qui sont autant de massacres, rentre à Janina qu'il dévaste, Xénoclès rassure les habitants affolés et leur promet vengeance. Il compte, pour l'exécution de son plan, sur Stéphano, chef des troupes d'Ali, et Stéphano ne se fait aucun scrupule de trahir le tyran son maître ; mais le complot est dévoilé par la jeune Héléna, qui n'est autre que la fille crue morte de Xénoclès, et qu'adore Sélim, petit-fils d'Ali, aussi sensible que son aïeul est sanguinaire. Ali furieux envoie Stéphano à la mort, et, comme Xénoclès refuse de s'unir à lui pour combattre Ismaïl, pacha général du sultan, il ordonne aussi son supplice.

Cependant les cruautés d'Ali révoltent ceux qui exécutent d'ordinaire ses injustes sentences ; ils se révoltent et délivrent Xénoclès et Stéphano. Ali, au comble de la rage, ne pense plus qu'à se venger et à périr avec gloire. Il confie à son petit-fils la garde de son arsenal et l'avertit que l'envoi de son anneau sera l'ordre de mettre le feu aux poudres. Sélim jure d'obéir à cet ordre, mais il se promet bien de ne l'exécuter qu'après avoir mis en sûreté sa mère et Héléna. Cependant les soldats révoltés, conduits par Stéphano, entourent le pacha, demandant la paix et le partage des trésors que renferment les souterrains de la forteresse. Avec un perfide sourire, Ali remet à Stéphano son anneau en lui disant que Sélim comblera ses désirs. Tous se rendent auprès du petit-fils d'Ali, qui va mettre le feu aux poudres quand sa mère se précipite dans les souterrains où Héléna l'a précédée. Sélim ne peut se résoudre à faire périr les deux femmes, il éteint son flambeau, et, pendant qu'elles se sauvent, il meurt frappé par les révoltés. Ali, poursuivi et blessé par les bourreaux de son petit-fils, met le feu aux poudres en tirant un coup de pistolet dans un baril. La citadelle saute, et c'est sur ses ruines que Xénoclès proclame la liberté de la Grèce.

Des caractères bien tracés, un style meilleur que celui des mélodrames ordinaires, une brillante mise en scène enfin valurent à *Ali-Pacha* d'honorables recettes.

20 juillet : *Le Vieillard malgré lui*, comédie en 1 acte, par ***.

M. de Kerkadec, capitaine de vaisseau rodomont et bavard, se plaît à ennuyer les siens du récit de ses campagnes. Mademoiselle de Kerkadec, sa fille, veut épouser un jeune homme que repousse le capitaine parce qu'il n'a jamais porté l'uniforme. Pour lever la difficulté, Marine, femme de chambre, et le matelot Sabor profitent d'un incident. Kerkadec, à la suite d'une orgie, rentre ivre dans sa maison. Sabor se pare alors d'une jambe de bois, Marine s'entoure de petits enfants, l'amoureux prend l'habit militaire, et l'on fait croire au capitaine que, vieilli de dix ans, il a moissonné des lauriers dans mille occasions périlleuses. Après quelques pasquinades, on s'explique ; Kerkadec reçoit, par l'entremise de l'amant de sa fille, la croix due à ses services et marie les jeunes gens.

Œuvre posthume de Madame de Staël, cette pièce, qui n'était pas destinée au théâtre, y reçut un accueil peu propre à servir la gloire de l'auteur de *Corinne* et les intérêts de l'arrangeur anonyme ; elle n'eut effectivement qu'une représentation.

20 juillet : *Les Charbonniers de la Forêt-Noire*, drame-vaudeville en 2 actes, par Sewrin, Servières et Lafortelle.

Jouée en trois actes au théâtre de la Porte-Saint-Martin, le 29 septembre 1803, cette œuvre réduite n'obtint pas grand succès.

3 août : *Le Drôle de corps*, comédie en 1 acte, par Sewrin.

La scène se passe dans une maison de Montrouge. Pernet, bourgeois retiré, veut marier sa nièce Aspasie avec le pépiniériste Pivoine. Aspasie aime son cousin Eugène, et cet Eugène a pour ami Labussière, un de ces plaisants de société qui ne laissent pas échapper l'occasion de rire aux dépens de quelqu'un. Pivoine sera la victime de ce drôle de corps. Profitant d'une absence de Pernet, Labussière s'habille en vieille marquise, se présente sous le nom de Madame de Cormoran, et fait au pépiniériste une déclaration brûlante. Repoussé vigoureusement, il revient en Breton bègue et bretteur, et force l'inoffensif Pivoine à mettre l'épée à la main ; le pépiniériste, pour échapper à ce couple désobligeant, déclare alors renoncer à la main d'Aspasie, que Pernet accorde à Eugène.

Le Drôle de corps, que la Porte-Saint-Martin avait refusé, n'obtint au Panorama qu'un succès contesté. Il contient cependant des scènes amusantes et de jolis couplets.

Le Panorama Dramatique avait, comme tous les théâtres de Paris, l'habitude de célébrer la fête du roi par la représentation d'un à-propos. Une pièce écrite par le chevalier Alex. Dequerelles sous ce titre :

Une Journée d'Henri IV, ou le Bon répondant, avait été reçue à l'unanimité pour être jouée à l'occasion de la Saint-Louis de 1822, mais les censeurs refusèrent leur visa à cette comédie-vaudeville que l'auteur publia avec une préface ironique et dont voici la rapide analyse :

Le comte de Surville, accusé par Concini de la confection d'un libelle injurieux pour le roi, a été condamné à la détention perpétuelle; mais Henri IV, ébranlé déjà par l'intègre Sully, acquiert, dans l'auberge d'un village où il se présente incognito, la preuve de l'innocence du comte. Il répond pour Madame de Surville que poursuit un huissier, impitoyable en sa qualité d'amoureux évincé, gracie son mari, et tout se termine par une fête champêtre à laquelle Henri IV prend part avec bonne humeur.

Dans cette pièce, à donnée simple, l'auteur prêche continuellement le respect et l'amour de la royauté, et l'on ne s'expliquerait pas l'interdiction qui frappa son œuvre si l'on n'y rencontrait des satires très vives de la courtisanerie et des mauvais conseilleurs politiques.

Pour être privé du *Bon répondant,* le

Panorama n'en célébra pas moins la fête de Louis XVIII.

24 août : *La Comédie à la caserne*, à-propos-vaudeville en 1 acte, par Henri Simon Dautreville.

Des soldats, pour fêter leur général qui se nomme Louis, font l'abandon de leur prêt et se disposent à jouer quelques scènes de comédie. Le général, instruit de ces préparatifs, veut faire adresser au roi l'hommage qu'on lui destine. Il met le buste de Louis XVIII à la place du sien et se cache dans le drapeau du régiment. On l'y découvre lorsque tous les soldats s'assemblent, il les exhorte alors à bien célébrer leur monarque et chante son couplet dans le vaudeville qui termine cette solennité familiale.

Banalité de commande, qui n'eut qu'un médiocre succès. (*Non imprimée.*)

31 août : *Le Mari ermite*, comédie en 1 acte, par Boursault.

Pièce imitée de Kotzebuë, représentée aux Variétés-Etrangères le 12 janvier 1807, puis sur divers théâtres, et qui termina modestement sa carrière au Panorama.

10 septembre : *La Lampe merveilleuse*, pièce féerie burlesque mêlée de couplets, en 2 actes, avec prologue, par Merle, Carmouche et *** (Saintine).

Patagon, qui est à la fois vizir du sultan Ababa-Patapouf,
et magicien africain, se déguise en charlatan pour aller, sur
la place de Pékin, persuader à Aladin, aventurier français et
pauvre, qu'il est son oncle et qu'il le récompensera magni-
fiquement s'il veut descendre dans la grotte du roi des génies
pour s'emparer d'une lampe qui a le don de réaliser tous les
souhaits. Patagon espère bien arracher le talisman à Aladin
et laisser sous la terre ce dernier que le destin lui a dit être
son ennemi, mais Aladin ne veut rendre la lampe qu'il tient
qu'après être sorti du souterrain ; Patagon furieux le bous-
cule, et la lampe s'éteint pendant que la terre se referme sur
le pauvre aventurier.

Aladin cependant trouve une issue et rentre chez lui par
la cave, possesseur du talisman qui lui sert d'abord à satisfaire ses créanciers ameutés puis à composer un brillant
cortège qui l'accompagne au palais du sultan où il va deman-
der la main de la princesse Badroulboudour, dont il est
amoureux pour l'avoir vue en songe. Or Badroulboudour
épouse le jour même Patagon. Le sultan refuse de changer
de gendre, mais Aladin pénètre dans la chambre nuptiale,
fait disparaître dans les airs le lit où la princesse endormie
rêve de lui et livre Patagon à une troupe de tourmenteurs.

Au moyen de sa lampe Aladin a bâti un palais magnifique
où le sultan va redemander sa fille. Les prières des amoureux calment sa colère et il va les unir lorsque Patagon,
déguisé en brocanteur, trouve moyen de reprendre possession
de sa lampe en l'échangeant pour une neuve à l'ignorante
Badroulboudour. Au même instant le palais s'écroule, la
princesse disparaît et le sultan exaspéré jure de faire tran-
cher la tête de l'aventurier s'il ne retrouve en dix minutes
fiancée et fortune.

Heureusement le génie de la lampe protège Aladin ; il lui
donne une armée d'amours et lui prédit qu'il reprendra sa
belle si elle veut consentir à accorder une faveur à Patagon.

Transporté dans la demeure du magicien, Aladin décide sa maîtresse à embrasser son cruel ennemi ; il reconquiert ainsi sa lampe et épouse Badroulboudour, tandis que Patagon et ses satellites, vaincus par les amours, sont chargés de chaînes dont rien ne les pourra délivrer.

Imitation plutôt que parodie d'une pièce qui faisait alors fureur à l'Opéra, *la Lampe merveilleuse* est gaie sinon bien spirituelle. De beaux décors et un brillant spectacle assurèrent son succès.

17 septembre : *La Saint-Rigobert*, comédie en 1 acte, par Mars et Ch. Hubert.

M. Pépin, chassant sans port d'armes, est arrêté sur la dénonciation de Madame Pépin, qui veut se donner ainsi le temps de préparer une fête pour son mari. Dans la prison, des officiers mis aux arrêts tourmentent M. Pépin. L'un d'eux écrit à Madame Pépin que son mari fait la cour à la fille du concierge, et le pauvre chasseur, qui a envoyé chercher par le fifre Turlututu son bonnet, ses pantoufles et sa robe de chambre, trouve au fond de son bonnet une lettre écrite par un cousin à sa moitié. Quoiqu'il ait eu une querelle avec le fifre, il le prie de lui prêter ses habits afin qu'il aille, à la faveur de la nuit, surprendre la femme coupable. Pendant qu'il met ce projet à exécution, Madame Pépin, excitée par le faux avis qu'on lui a adressé, se rend à la prison ; dans l'obscurité elle prend Turlututu pour son mari, pendant que le fifre croit parler à une jeune maîtresse. Pépin, averti que sa femme est entrée en prison, y revient au moment où sa moitié reçoit de Turlututu un ardent baiser. Au bruit qu'il fait, on accourt et Madame Pépin se justifie en expliquant pour quel motif elle a fait arrêter son mari.

Les auteurs avaient eu d'abord l'intention de tourner en ridicule un garde national, mystifié par des confrères, mais la censure exigea d'eux qu'ils changeassent le soldat citoyen en chasseur et ses persécuteurs en officiers ; cela n'influa pas sur le sort de la pièce, trop frêle pour tenir longtemps l'affiche. (*Non imprimée.*)

25 septembre : *Mon cousin Lalure*, comédie en 1 acte, par L. Montigny.

Lalure, ancien colon deux fois millionnaire, veut se servir de sa fortune pour arracher à l'indigence deux cousins et une cousine qui ne l'ont jamais vu. Il les mande à Paris ; mais, avant de leur faire partager son existence, désireux d'étudier leurs caractères, il endosse les habits de son valet Prosper qui, lui, prend la place du maître. Lalure a sujet de se féliciter d'un déguisement à l'aide duquel il peut apprécier la sottise, l'égoïsme et la lâcheté de son cousin Carcassonne, les ridicules prétentions et les froids calculs de Madame Badoulard, sa cousine. Il est, par contre, satisfait de la douceur et de la loyauté de Claude Dupuis, son dernier cousin, et de la candeur de Rose, fille de Madame Badoulard. Ces deux jeunes gens ressentant l'un pour l'autre une affection sincère, le parti de Lalure est bientôt pris. Après avoir mis ses mauvais parents aux prises avec Prosper qui les ba-

Joue et les effraie, il donne quinze cents livres de rentes à Carcassonne à condition qu'il partira de suite pour son pays, un revenu double à Madame Badoulard qui devra le manger dans une terre éloignée; Claude et Rose, qu'il marie, resteront près de lui.

Donnée favorable, traitée d'une façon assez amusante : demi-succès.

28 septembre : *Le Coq du village*, ballet-pantomime en 1 acte, d'après Favart, par René Périn et Renauzy, musique de Darondeau.

L'œuvre de Favart, privée de son dialogue, plut médiocrement. Elle se joua quelques jours et ne trouva point d'éditeur.

11 octobre : *Esope à la Foire*, comédie en 1 acte, en vers, par Daroncourt.

Représentée au théâtre des Victoires en 1800, cette pièce inoffensive fut revue, sans plaisir au boulevard du Temple et ne fit que passer.

16 octobre : *Le Revenant*, mélodrame comique en 2 actes, par Desenne.

Créé aux Variétés-Amusantes le 1er

juillet 1786, cet ouvrage obtint, suivant l'expression d'un critique, un succès d'ennui chez M. Langlois.

23 octobre : *Les Vendanges de Bagnolet*, folie en 1 acte, par Maréchalle et Amédée.

Représentée pour la première fois à l'Odéon, sous le titre de *Monsieur Furet*, le 23 octobre 1817, ce vaudeville eut, à sa reprise, assez de bonheur pour être imprimé sous son titre nouveau.

2 novembre : *Edward, ou le Somnambule*, mélodrame militaire en 3 actes, par A... (Albertin) et B... (Boirie).

Un intrigant étranger, qui a volé les papiers du comte Edward de Merval et est devenu sous son nom colonel dans une armée française, aime Eugénie, fille du général comte Dormilli. Eugénie est veuve et a, outre Edward, deux adorateurs, le marquis de Francheville et son cousin Victor, qui est le préféré. Francheville provoque son rival Victor; un duel a lieu, mais, après avoir essuyé sans accident le feu de son adversaire, Victor tire en l'air et les deux ennnemis s'embrassent. Quelques instants après, Fabio, valet d'Edward qui a servi de témoin à Victor, assassine le marquis pour laisser à son maître le champ libre auprès d'Eugénie. Ce crime découvert, c'est Victor qu'on accuse et qu'on traduit devant un conseil de guerre dont Edward est nommé président. En vain Victor invoque-t-il son témoignage, Edward nie avoir été son témoin et le charge si perfidement que le conseil, formé d'ailleurs par lui-même, condamne à mort l'innocent.

On va passer Victor par les armes quand Edward se trahit dans un accès de somnambulisme; il va jusqu'à signer de son vrai nom l'aveu du crime qu'il a d'abord confessé à haute voix; on l'arrête, ainsi que Fabio, et Victor, réhabilité, devient l'époux d'Eugénie.

Recueil d'incidents vieillots, mal amenés, et qui disparut promptement de l'affiche.

26 novembre : *Bertram, ou le Pirate*, mélodrame en 3 actes, par Raimond (Pichat, avec Taylor et Charles Nodier).

A la suite d'une affreuse tempête, les habitants de Caldora recueillent nombre de naufragés, parmi lesquels un homme qui, loin de remercier ses sauveteurs, se plaint que le ciel lui ait conservé une existence qu'il déteste. Le solitaire de Saint-Anselme, qui essaie de le ramener à des idées plus chrétiennes, apprend bientôt le nom du malheureux : c'est Bertram, que l'ambition et un amour déçu ont fait descendre du rang de seigneur favori à la vile condition de pirate. Cependant une ancienne coutume oblige les étrangers jetés sur la côte à passer quelques jours dans le château de Caldora. Le comte Aldini, propriétaire de ce château, est l'auteur principal de la disgrâce de Bertram, mais il est absent, et le naufragé, pour ne pas exciter les soupçons, se conforme à l'usage. Au château il retrouve la femme qu'on lui a jadis refusée et qui, pour sauver son père de la faim,

a épousé le comte Aldini dont elle a eu un fils. Si Bertram
n'a pu se consoler de la perte d'Imogène, celle-ci n'a pas
oublié l'homme qui le premier fit battre son cœur, elle
pleure son infidélité forcée, et Bertram va lui pardonner
quand le retour du comte ranime toute sa fureur, Aldini
revient après avoir dispersé les rebelles armés par Bertram
contre le souverain, mais les pirates sauvés du naufrage sont
assez nombreux encore pour lutter contre les chevaliers amis
du comte ; un combat s'engage, et Aldini tombe sous le poignard de Bertram. Sa haine satisfaite, l'assassin, par dégoût
de la vie, se met lui-même entre les mains de ses ennemis
qui le condamnent à périr d'un supplice infamant. Les pirates, dévoués à leur chef, décident de le délivrer ou de mourir avec lui. Bertram refusant de fuir, ils veulent l'y contraindre, attaquent les chevaliers et mettent le feu au château
de Caldora où le condamné vit sa dernière heure. Imogène,
devenue folle à la suite du meurtre d'Aldini, se jette incons-
ciemment au milieu du danger ; Bertram, pour la sauver,
la prend dans ses bras et l'emporte à travers les décombres,
mais un escalier s'effondre sous ses pieds et il meurt dans
les flammes avec celle qu'il a trop aimée.

Tiré d'un ouvrage anglais, *Bertram*,
malgré ses décorations superbes, n'obtint
un demi-succès que par suite d'une persé-
cution de la censure. Un tableau représen-
tait l'église du couvent de Saint-Anselme ;
des prêtres et des enfants de chœur y en-
touraient le catafalque d'Aldini ; cette
représentation d'un lieu saint et d'une

cérémonie funèbre effaroucha la religion de quelque autorité dévote qui demanda et obtint, le quatrième jour, la suppression de la pièce. La direction parvint à obtenir un contre-ordre en opérant les changements exigés, et n'eut qu'à se féliciter d'un incident qui piqua la curiosité et dont, pendant un temps, profitèrent les recettes.

8 décembre : *Les Deux Baillis, ou le Mariage par procuration*, comédie en 1 acte, par Leblanc de Ferrière.

Thérèse, fille de Mathurine riche fermière de Gonesse, est depuis deux mois chez une tante, à Vert-Galant. Le vieux bailli de ce village s'éprend d'elle, veut l'épouser, et prie son confrère de Gonesse de conclure le mariage. Quoique ne connaissant pas le bailli de Vert-Galant, Mathurine donne son consentement, flattée qu'elle est d'avoir pour gendre un homme en place, et le contrat va se signer, au grand désespoir de Julien, amoureux de Thérèse, quand un comédien ambulant, Floricour, arrive à Gonesse, et, moitié par bonté d'âme, moitié pour se venger des deux baillis qui lui ont refusé l'autorisation d'exercer ses talents, se propose de rompre l'union projetée. Il endosse pour cela divers déguisements, brouille les parties et gagne la cause de Julien. Quand ce résultat est obtenu, il se fait connaître, mais Mathurine lui pardonne d'autant plus facilement que Julien vient d'acquérir une étude de notaire et que le bailli de Vert-Galant, que la réflexion a rendu sage, se retire comme il s'était présenté, par correspondance.

C'est la donnée du *Comédien d'Etampes*, variée à l'aide de détails assez gais. Le jeu de Bertin et de Bouffé, dans les rôles principaux, assura le succès de l'ouvrage.

15 décembre : *Le Jugement des Preux*, mélodrame en 2 actes, par Barré.

Joué au théâtre de la Cité, vingt ans auparavant, sous le titre du *Jugement de Dieu*, ce drame fit au Panorama peu de plaisir, bien qu'en passant les ponts il eût perdu un acte.

22 décembre : *Les Deux Forçats*, folie en 1 acte, par Ferdinand (Laloue), Ménissier et Ernest (Renault).

Deux forçats s'étant évadés du bagne de Brest, Madré, greffier par intérim d'un village des environs, brûle de se signaler en arrêtant les fugitifs. Madré doit épouser Claire, fille de l'aubergiste Finot, bien qu'elle ait été promise à son cousin Longin, lorsque celui-ci, qui fait le métier de marchand ambulant, arrive avec un associé. Il est si changé que personne ne le reconnaît, et Madré, qui surprend une conversation dans laquelle les arrivants parlent de banque-route, d'exposition, de marque, etc., les prend pour les deux forçats. Ne se trouvant pas en force pour les arrêter, il re-court à la ruse, et, Longin se disant le neveu de Finot, il engage ce dernier à se conduire en oncle et Claire à se laisser faire la cour. Craignant ensuite, lorsque Longin a appris le mariage futur de Claire, que de désespoir il s'éloigne avant que le renfort attendu ne soit arrivé, Madré feint de com-patir aux peines du jeune homme, lui dit renoncer à la main de Claire, lui remet un dédit signé par Finot et fait même procéder à la signature immédiate du contrat entre Longin et sa cousine. Puis, les paysans étant revenus des champs, Madré change d'attitude, fait emprisonner les deux prétendus criminels, et rédige à sa propre louange un rapport emphatique. Mais des coups de fusil se font bientôt enten-dre au lointain, ce sont les deux vrais forçats que la force armée vient d'appréhender. Madré, confus, n'a qu'à donner sa démission, et Longin, élargi, reste l'heureux époux de Claire Finot.

Sorte de parodie des *Deux Forçats*, de la Porte-Saint-Martin, cette pièce, amu-sante et bien conduite, fut justement ap-plaudie.

26 décembre : *L'Amour mendiant, ou les Deux Chercheurs d'esprit*, ballet-pantomime en 1 acte, par Cuvelier et Renauzy, musique d'Amédée.

Déguisé en enfant aveugle, l'Amour demande l'aumône. Dorvieux, sénéchal de la province dans laquelle se passe la scène, et Mademoiselle Pimbêche, vieille femme ridicule, qui viennent assister aux fêtes préparées par le tabellion, le font chasser par leurs laquais ; Blaisotin et Simplicie, au contraire, le secourent avec générosité, et l'Amour se promet de récompenser chacun suivant ses œuvres. Blaisotin, fils du vigneron Lavigne, et Simplicie, fille du procureur Lagriffe, sont pour leur âge d'une ignorance et d'une gaucherie dont chacun s'amuse. Cette innocence a son prix puisqu'elle vaut à Simplicie une couronne de rosière, mais elle contrarie les parents, tout disposés à unir leurs enfants par les liens du mariage ; l'Amour arrange les choses en déniaisant les jeunes gens, instruits bientôt de façon suffisante et récompensés ainsi de leur charité. Restent les deux vieillards, qui lui fournissent bientôt eux-mêmes un moyen de vengeance. Le sénéchal, en effet, s'enflamme pour Simplicie, Mademoiselle Pimbêche pour Blaisotin ; tous deux demandent des rendez-vous qui leur sont accordés par les soins de l'Amour ; mais, au moment donné, les jeunes gens s'éloignent avec adresse, laissant en présence les vieillards qui, à la faveur de la nuit, commettent mille extravagances. L'Amour reprend alors sa forme brillante, appelle tous les villageois, et oblige Dorvieux à épouser Mademoiselle Pimbêche en même temps qu'il marie Simplicie à Blaisotin.

Pris dans *la Chercheuse d'esprit* de Favart et dans *l'Amour quêteur* de Beaunoir, le sujet de ce ballet n'a rien de remarquable ; on l'accueillit avec une satisfaction modérée, bien que les danseuses y portassent des jupons excessivement courts.

31 décembre : *Le Présent, ou l'Heureux quiproquo*, comédie en 1 acte, par J. Patrat.

C'est comme pièce de circonstance que le Panorama monta, à l'occasion du jour de l'an, cette comédie, créée au théâtre de la Cité le 1er janvier 1793, et que son nouveau public goûta modérément.

Vers la même date, M. Langlois, qu'une perte de 60.000 francs avait édifié sur l'avenir réservé au Panorama Dramatique, passa la main à un troisième administrateur, nommé Chedel. Il resta néanmoins responsable, vis-à-vis du ministère et des intéressés, d'une entreprise qui lui réservait, après de nombreux déboires, la honte d'une faillite.

Le défilé des œuvres inédites ou empruntées continua, sous l'autorité de l'inconscient ou philosophe M. Chedel.

4 janvier 1823 : *Poucet et Croquemitaine*, féerie en 1 acte, par Bonardin (Taylor).

Le bûcheron Grosjean et Madeleine sa femme, ne pouvant nourrir leurs sept garçons, les ont abandonnés dans une forêt. Les marmots, surpris par un orage, vont frapper à la porte du château de l'ogre Croquemitaine. L'écuyer Batifolin, qui les reçoit, déplore leur sort, et les cache dans un coffre lorsqu'il entend son maître revenir de la chasse. L'Ogre veut voir ses sept filles et leur donner des cadeaux ; ouvrant pour cela le coffre il trouve les garçons et se réjouit d'avance du repas qu'il va faire. Sur ces entrefaites on vient chercher les filles de Croquemitaine pour les conduire chez la mère l'Oye, leur grand'tante. Poucet, qui entend cela, engage ses frères à prendre les voiles des filles encore endormies et à s'échapper sous ce déguisement. Instruit de cette évasion, l'Ogre chausse ses bottes de sept lieues et se met à la poursuite des garçons. Harassé de fatigue il s'endort sur un rocher dans le creux duquel s'abritent Poucet et ses frères ; ceux-ci sortent de leur cachette, tirent une des bottes de leur persécuteur et partent sur elle. Grosjean et sa femme, qu'une fée bienfaisante a enrichis et qui sont à la recherche de leurs enfants, rencontrent alors Croquemitaine ; l'Ogre va passer sur eux sa colère, quand Poucet et ses frères accourent pour défendre leurs parents. Joyeux de ce retour, Croquemitaine veut satisfaire à la fois sa vengeance et son appétit, mais la bonne fée paraît et le punit de tous ses crimes.

Conte amusant et qui, bien mis en scène, réussit grâce à la petite Bordes, revenue au Panorama pour jouer le rôle de Poucet. (*Non imprimé.*)

18 janvier : *Tringolini, ou le Double enlèvement*, mélodrame comique en 3 actes, par V. de Saint-Hilaire.

La scène se passe à Sainte-Marie, village des environs de Madrid. Le négociant Ybagnès a promis par écrit la main

5

d'Emma sa nièce à Tringolini, fils d'un riche confrère, mais ce Tringolini, qui a des idées romanesques, veut plaire avant d'épouser, et c'est sous l'habit d'un berger qu'il se présente à sa fiancée. Un rival l'a précédé, Ferdinand, frère du gouverneur de Madrid, qu'Emma voit d'un œil favorable. Mettant à profit l'ingéniosité de son valet Prospero, Ferdinand se présente à Ybagnès comme étant le Tringolini attendu, ce qui est d'autant plus facile que le négociant ne connaît pas son futur gendre, et, quand Tingolini lui-même se présente, il est pris pour un aventurier et mis dans un cachot.

La méprise ne peut durer longtemps ; Tringolini se fait reconnaître devant les magistrats et Ferdinand prendrait à son tour le chemin de la prison s'il ne disait à tous son nom et son titre qui éblouissent l'alcade de Sainte-Marie. Mais Ybagnès congédie l'amoureux et rend tous ses droits à Tringolini. Que faire ? Enlever Emma. La chose va s'exécuter quand une duègne vigilante, Héléna, surprend le complot et avertit Tringolini qui, toujours bizarre, veut opérer l'enlèvement pour son compte. On le trompe, comme bien on pense, et c'est Héléna qu'il fait monter en voiture, tandis que Ferdinand et Prospero s'emparent d'Emma qui ne résiste guère.

Enleveurs et enlevées, gênés par un orage, se rencontrent dans une auberge bâtie aux portes de Sainte-Marie. Prospero sauve la situation en faisant attaquer nuitamment l'auberge par des amis complaisants. Pendant ce conflit qu'on attribue à des brigands, Tringolini père survient à l'improviste. Aussi peu intelligent que peu brave il s'imagine que Prospero lui a sauvé la vie et veut en témoigner sa gratitude. Comme salaire l'adroit valet demande la renonciation de Tringolini fils à la main d'Emma, et Ferdinand épouse en paix sa maîtresse.

Succession d'événements invraisembla-

bles mais présentés avec vivacité et égayés de tirades spirituelles, *Tringolini* fit plaisir et se joua pendant quelques semaines.

1er février : *Les Deux Fermiers, ou la Forêt de Saint-Vallier*, mélodrame en 3 actes, par Ménissier, Dubois et Martin Saint-Ange.

Bertrand, fermier d'Auberive, furieux de voir que tout réussit à son voisin Maurice, tandis que lui-même n'éprouve que des malheurs et des déboires, voue à ce Maurice une haine implacable. L'occasion de la satisfaire se présente le jour même où Maurice, au comble du bonheur, marie sa fille au fils du notaire de Saint-Vallier. Un soldat traversant la forêt qui réunit Saint-Vallier à Auberive est pris pour un braconnier par un garde-chasse qui veut l'appréhender au corps; en se défendant, le soldat tue le garde et se sauve. Bertrand, à qui Maurice a prêté un pistolet pour traverser la forêt, arrive près du cadavre et conçoit l'infernale idée de se perdre pour perdre en même temps Maurice. Il va déclarer qu'ils ont ensemble commis le meurtre du garde. On arrête Maurice, contre qui semblent témoigner la découverte du pistolet et divers détails, et sa famille au désespoir le suit à la prison de Valence, où s'instruit l'affaire. En vain Maurice, qui a reçu la confession cynique de Bertrand, supplie-t-il celui-ci de dire la vérité, Bertrand ne fait que railler, et Maurice va passer en jugement quand le soldat, auteur de l'accident, se fait connaître. Un berger, qui a tout vu et que la peur empêchait de parler, confirme alors le récit du coupable. Maurice est mis en liberté et Bertrand, fou de rage, se frappe d'un poignard, après avoir reconnu dans le soldat son fils qu'il croyait mort depuis nombre d'années.

Sujet assez extravagant, mais bien traité et que firent réussir plusieurs situations intéressantes.

9 février : *Le Veuvage de Manon*, folie en 1 acte, par Joseph Aude, Ferdinand Laloue et Vernet.

Tombée le 21 mars 1820, à la Porte-Saint-Martin, sous le titre de *Cadet Roussel troubadour*, cette pièce de carnaval, de gaîté un peu grosse, n'eut qu'un petit succès.

14 février : *Le Hussard et la Fermière, ou la Maîtresse-Femme*, comédie mêlée de couplets en 1 acte, par Louis Montigny.

Logé chez certaine fermière, en vertu d'un billet de logement, un hussard profite de ses loisirs pour courtiser la fille de son hôtesse et éteindre un incendie qui éclate dans le village. La fermière, émue de cette intrépidité, n'en refuse pas moins de prendre le hussard pour gendre, mais le capitaine de la compagnie, qui survient, promet à son soldat la main de celle qu'il aime après la guerre, ce qui ne doit pas être de sitôt.

Ouvrage sans originalité, mal accueilli et qu'on n'a pas imprimé.

27 février : *La Mort du Chevalier d'Assas, ou la Bataille de Clostercamp,* mélodrame en 2 actes, par Alexis (Taylor et Solomé).

La scène se passe dans un château, non loin du bois de Clostercamp. Le capitaine d'Assas, amoureux d'Amélie, fille d'un maréchal-de-camp, revoit après une longue absence son amie qui, prisonnière des Autrichiens avec son père, n'avait pu l'informer de cet événement. D'Assas voudrait s'unir aussitôt à Amélie, mais le vieux maréchal, qui craint les chances des combats, remet le mariage à la paix, et le capitaine consent à ce sacrifice en jurant de cueillir pendant la campagne des lauriers qu'il viendra déposer aux pieds de sa maîtresse. C'est le cœur plein de ces poétiques idées qu'il apprend que le général l'a choisi pour veiller, à l'avant-garde, aux destins de l'armée. D'Assas s'y rend, est surpris, prononce le cri sublime : *Auvergne à moi !* et meurt sous les baïonnettes étrangères, jeune pour l'amour et pour la vie, mais vieux de gloire et d'immortalité.

Pièce sans consistance, mais offrant des tableaux militaires et de patriotiques tirades qu'on ne pouvait qu'applaudir. (*Non imprimée.*)

11 mars : *La Main de bois,* mélodrame en 3 actes, par Poujol, B. d'Aubigny et Boirie.

Castelli, chef d'une bande de voleurs, s'introduit dans la maison d'un receveur des contributions ; on l'y saisit par une main et ses compagnons, pour le délivrer, lui coupent le poignet. Douze ans plus tard ce scélérat, qui a fait adapter une main de bois à son bras mutilé, revient, sous un nom illustre et sous des habits magnifiques, dans les lieux où il a commis son crime et été châtié; il revient avec le désir de se venger du receveur en épousant sa fille et en faisant rejaillir sur tous deux une partie de la honte qui le couvre. Mais, à la suite de Castelli, arrive une troupe de bandits qui en un clin d'œil terrifient la contrée en détroussant les voyageurs. Ces brigands veulent se grouper autour de leur ancien chef parce que celui-ci, les abandonnant sans tambour ni trompette, a emporté, *par mégarde*, une somme considérable, fruit de leurs rapines communes. Leur apparition contrarie d'abord Castelli, mais, aidé d'un valet de chambre aussi coquin que lui, il décide bientôt de faire servir les survenants à sa vengeance. Le receveur doit opérer un versement considérable dans le trésor public, Castelli fait enlever la caisse par les brigands déguisés en valets et met ainsi le fonctionnaire dans la cruelle alternative d'être déshonoré comme banqueroutier ou de lui donner sa fille, qui est amoureuse et aimée d'un colonel. La jeune personne, par bonheur, découvre, dans une scène pathétique, la main de bois de Castelli; les brigands, livrés par un traître, assassinent leur chef et tombent eux-mêmes sous le feu des soldats conduits par le colonel qui retrouve la somme dérobée, arrache ainsi le receveur à l'infamie, et épouse celle qu'il aime.

Les situations forcées de ce drame, composé de scènes décousues, furent largement payées d'une demi-réussite. (*Non imprimé*.)

21 mars : *Les Deux Sergents, ou la Parole*

d'honneur, pièce anecdotique en 1 acte, par Ménissier et Saint-Ange Martin.

L'action se passe dans un village, aux environs de Toulouse. Les sergents Paul Leblanc et Louis Perrot aiment Annette et Thérèse, filles de la meunière Gertrude; celle-ci ne demanderait pas mieux que d'avoir pour gendres les deux militaires qui se sont signalés par divers traits d'héroïsme, mais, ayant répondu pour un voisin, elle est menacée de la ruine et ne veut pas faire partager à d'autres son malheur. Cependant, au milieu d'une fête que donne à leur intention M. Benoit, riche commerçant retiré, les sergents apprennent que Gertrude, saisie, va être expulsée, faute de pouvoir acquitter une dette de 1.500 francs. Paul et Louis n'ont que leur honneur, ils le mettent immédiatement en gage par un écrit en échange duquel un usurier leur compte les 1.500 francs qu'ils désirent. De cet homme, qui ne comprend pas bien sa teneur, le billet passe à M. Benoit, puis au comte de Crény, lieutenant-général venu pour inspecter le régiment dont Louis et Paul font partie. Le comte, vivement ému de l'action des sergents dont il connaît d'ailleurs le glorieux passé, déclare vouloir acquitter leur effet, les dote et les marie aux filles de Gertrude.

Sujet moral, traité avec adresse et qu'on applaudit pour cette double raison.

3 avril : *Jenny, ou le Mariage secret*, ballet-pantomime en 3 actes, par Aumer.

Représenté au théâtre de la Porte-Saint-Martin, le 20 mars 1806, avec un succès énorme, cet ouvrage fit plaisir au Panorama où Mademoiselle Chéza, toutefois, n'effaça pas le souvenir de Madame Quériau, créatrice du rôle principal.

15 avril : *Les Trois Trilby*, folie en 1 acte, par Ménissier, Ernest (Renault) et Saint-Ange Martin.

La scène est en province, aux environs de Blois. Madame Cocquerel profite d'une absence de son mari, propriétaire vieux et bossu, pour connaître le roman de *Trilby*, dont il lui a défendu la lecture. Ce roman met à l'envers les têtes de Madame Cocquerel, de sa fille Ambroisine et de sa bonne Charlotte, de sorte que les trois femmes s'imaginent voir partout le héros de leur livre favori. Rien d'étonnant donc à ce que le soldat Robert, qui se présente en vertu d'un billet de logement, le capitaine Derneville, accouru pour connaître Ambroisine dont on lui a offert la main, M. Cocquerel lui-même, revenu en secret pour souhaiter la fête de son épouse, soient pris pour trois incarnations successives du lutin Trilby. Cocquerel seul souffre du quiproquo, sa femme lui dit ses vérités et un valet affolé le bâtonne. Quant à Derneville et à Robert, ils gagnent, l'un l'amour d'Ambroisine, l'autre l'admiration de Charlotte, si bien que la pièce se termine par deux mariages, auxquels Cocquerel, adouci par l'idée qu'il n'a eu pour rival qu'un fantôme, consent avec bonne humeur.

Cet épilogue du roman de Nodier, poussé jusqu'à la bouffonnerie, fit beaucoup rire et fut conséquemment très applaudi.

28 avril : *La Vieille Femme colère, ou la Correction conjugale*, folie en 1 acte, mêlée de couplets, par Maréchalle et Philadelphe.

La vieille Madame Doucet, femme acariâtre et tyrannique, fait de sa maison un enfer pour son mari, sa nièce et ses serviteurs, qu'elle injurie et bat à la journée. Après une scène plus vive encore que les précédentes, Doucet a l'idée d'essayer de corriger la mégère. Elève-t-elle la voix, il crie ; casse-t-elle un objet, il en brise deux ; il lui écrit ensuite qu'attribuant sa méchante humeur à l'oisiveté, il veut la ramener à de bons sentiments en mettant le feu à sa ferme et en faisant fondre ses diamants ; puis, s'armant d'un pistolet, il s'avance vers sa femme qui, redoutant un suicide, se jette à genoux et confesse ses torts en jurant d'être à l'avenir aussi douce qu'elle était violente. Enchanté de la métamorphose, Doucet pardonne et marie sa nièce à l'officier Alfred, qui a contribué au succès de son expérience.

Pièce fantaisiste, mais amusante, qui réussit.

20 mai : *Les Inséparables*, mélodrame en 3 actes, précédé d'un prologue, par B. d'Aubigny, Poujol et Jules de Sainte-Aurre.

La scène se passe au dix-huitième siècle. Charles Beaudoin et Olivier Prévillars, tous deux âgés de vingt-trois ans, sont liés, depuis leur enfance, par une amitié telle qu'on les a surnommés les inséparables. Voulant se donner, après la mort même, des preuves de cette inaltérable affection, ils prennent, dans un écrit signé de leur sang, cet engagement singulier : le premier des deux qui mourra ira trouver l'au-

tre pour le défendre dans tous les dangers qu'il pourrait
courir. Olivier doit, le jour où la pièce commence, épouser
à Orléans Eugénie Lalonde, fille d'un riche manufacturier.
Eugénie, en contractant ce mariage, obéit à son père; elle
aime Beaudoin qui l'adore et s'est sacrifié avec héroïsme au
bonheur de son inséparable. Mais comme Charles songe tris-
tement, à Paris, à la cérémonie qui se passe en province,
l'ombre d'Olivier paraît devant lui, révèle qu'un crime vient
de séparer son âme de son corps, et le somme de prendre
sans délai le chemin d'Orléans où sont ses assassins qu'il
lui fera connaître. Beaudoin obéit au désir du défunt. Transporté par un véhicule fantastique dans la ville désignée par
Olivier, il entre chez Lalonde au moment où l'on s'étonne
de l'absence inexplicable du futur, attendu pour le contrat.
Visible pour Beaudoin seul, l'ombre de son ami lui désigne
alors comme ses meurtriers Théodore Lalonde, propre frère
d'Eugénie, et Pietreville, ami de celui-ci. Pietreville en effet,
épris d'Eugénie, n'a trouvé qu'un crime pour se débarrasser
d'un rival, et Théodore, qu'il tient par des besoins d'argent,
s'est prêté à cette combinaison sinistre. Beaudoin, désolé à
l'idée de déshonorer la famille de celle qu'il aime, hésite
d'abord à obéir aux injonctions de son inséparable; il s'y
décide pourtant, et c'est sur le tombeau même de la victime
qu'il nomme ses assassins. Olivier apparaît alors une dernière fois pour révéler à Lalonde que Théodore n'est pas de
sa famille, remercier Beaudoin et lui dire d'épouser Eugénie.

Moins raisonnée que bizarre, cette œuvre, puisée dans les *Mille et un souvenirs*
de Deforges, était précédée d'un prologue
dans lequel, raillant spirituellement leurs
chutes antérieures, les auteurs deman-

daient au public son attention bienveil‑
lante ; prologue et drame furent accueillis
par des applaudissements.

29 mai : *La Cousine supposée*, comédie en 1 acte,
par Villard et Adrien (Payn, avec René Périn).

Le capitaine Derneville, à la suite d'une querelle avec son
frère, s'est retiré dans la petite maison qu'il possède sur les
bords de la mer et où il a été suivi par un vieux soldat
nommé Labombe. Le frère de Derneville, après avoir essuyé
des malheurs qui l'ont réduit à la misère, envoie Sophie,
jeune orpheline qu'il a élevée comme sa fille, pour le récon‑
cilier avec le capitaine. Sophie se présente sous le nom de
Jeannette chez Derneville, et Labombe, qui est dans la con‑
fidence, la donne comme sa cousine. Jeannette gagne bien‑
tôt, par ses grâces, l'affection du capitaine qui a honte de se
déclarer amoureux ; il s'y décide pourtant, mais la jeune fille
ne consent au mariage proposé qu'à la condition que Der‑
neville se réconciliera avec son frère ; la chose est acceptée
et le contrat se signe en famille.

Fond peu nouveau, mais détails gais,
dialogue charmant ; au total succès et suc‑
cès mérité.

17 juin : *Le Pauvre Berger*, mélodrame histori‑
que en 3 actes, par d'Aubigny, Carmouche et
Hyacinthe (Decomberousse).

Ronsberg, riche propriétaire suisse, va épouser Lisbeth,
fille du grand bailli du canton, quand un vieux soldat, étran‑

ger au pays, lui demande un secret entretien. Instruit par un
certain Ulric, qu'il assista à son lit de mort, ce soldat sait que
Ronsberg, dix-huit ans auparavant, fit disparaître, à la faveur
d'un incendie, le frère aîné qui le gênait. Ulric, qui devait
tuer ce malheureux, lui a laissé la vie, mais il l'a abandonné
sur un chemin. Or le soldat a retrouvé la trace de ce frère
qui mène une vie des plus misérables, il somme Ronsberg
de lui rendre nom et héritage, le menaçant, s'il refuse, de
s'adresser au grand bailli. C'est, pour Ronsberg, la ruine et
la rupture de son mariage ; aussi n'hésite-t-il pas à conser-
ver, par un second crime, les avantages que lui a procurés
le premier. Il assassine le vieux soldat, mais on l'a vu s'en-
tretenir avec l'étranger et, quand le cadavre de la victime
est découvert, c'est lui que les paysans, indisposés déjà par
sa hauteur, accusent ouvertement, Ronsberg comprend qu'il
doit, pour son salut, livrer un coupable à la justice. Dans
le pays demeure un berger du nom de Zug qui est pauvre,
sans place, et ne peut nourrir sa femme et ses enfants. Zug
a l'esprit borné, Ronsberg l'éblouit en étalant de l'or sous
ses yeux, et l'indigent consent à se déclarer l'auteur de l'assassinat du soldat.

On arrête Zug et le bailli instruit l'affaire sur le lieu même
du crime. Le berger persiste à se dire coupable, mais pendant qu'on le juge il boit, mange, se réjouit, et finit par
s'endormir au moment où on le condamne à mort. Une attitude si extraordinaire donne des soupçons au bailli ; la découverte d'une sacoche ayant appartenu à la victime fait de
plus connaître que Zug n'est autre que le frère aîné de
Ronsberg, cru mort depuis nombre d'années. Ronsberg,
que cette révélation terrifie, se sent perdu, il échappe à
l'échafaud par le suicide, et Zug recouvre en même temps la
liberté et la fortune.

Zug reproduisait, dans ce mélodrame,

l'étrange action du berger Pourril qui, pour quelques pièces d'or, s'était avoué coupable d'un crime qu'il n'avait pas commis. Pourril, devenu un héros populaire, assista à l'une des représentations de l'ouvrage intéressant, bien fait, et qui obtint une complète réussite.

Un détail de sa mise en scène amena, le premier soir, un incident conté dans les chroniques. Soucieux d'exactitude on avait, par dérogation aux usages, enrôlé une vingtaine de brebis véritables qui, s'étant comportées à merveille pendant les répétitions, débouchèrent, le jour de la première, avec un désordre plein d'ordre et se groupèrent pittoresquement autour du pâtre. Un tonnerre d'applaudissements les accueillit. Effrayés par ce tintamarre imprévu, les moutons s'approchèrent de l'avant-scène du rez-de-chaussée, occupée par des dames, et s'y précipitèrent l'un après l'autre. Il fallut plus d'une heure pour ramener au bercail les bêtes réfrac-

taires. Le lendemain on revint aux moutons en carton, comme dans les pastorales
de nos aïeux.

4 juillet : *La Romance et la Gavotte*, comédie
anecdotique en 1 acte, mêlée de couplets, par Carmouche et F. de Courcy (avec Xavier Saintine).

La scène est en province. Père de deux filles, M. Sauvageon destine pour maris, à Adeline l'aînée l'avocat Doligny,
à Laure la cadette le commis-voyageur Sélinval. Ces projets
contrarient le pique-assiette Bonœil qui voulait devenir le
gendre de Sauvageon et qui, pour arriver à ses fins, persuade à Doligny que Sélinval, tombé subitement amoureux
d'Adeline, a demandé sa main de préférence à celle de Laure.
Doligny a la tête vive ; quand Sélinval paraît, fredonnant les
premiers vers d'une romance qu'il a composée pour Laure,
l'avocat met l'épée à la main et force le commis à chanter
tout au long ses galants couplets. Or M. Sauvageon a les
arts en horreur, il surprend Sélinval roucoulant et lui reprend sa parole. Mais le commis n'est pas homme à laisser
une méchanceté impunie ; il va chercher un pistolet et, profitant de ce que l'avocat a endossé sa robe, il l'oblige, sous
menace de mort, à danser une gavotte. Grâce à Bonœil, Sauvageon surprend le danseur comme il a surpris le chanteur
et rompt le second mariage. Mais les jeunes gens s'expli-
quent et, furieux contre Bonœil, le menacent de deux duels
successifs. Sauvageon n'a pas moins peur des querelles que
des arts, il pardonne pour éviter le bruit, et conclut à nouveau les deux mariages à condition que la double cérémonie
se passera sans rigodon ni couplets.

Cette pièce, rééditant sans originalité

le sujet traité au Vaudeville dans *la Revanche forcée*, et au Gymnase dans *Partie et Revanche*, fut la dernière que joua le Panorama Dramatique.

Le 24 avril précédent, M. Langlois avait en effet, déposé son bilan. Ce dénouement, depuis longtemps prévu, ne fut pas accepté sans murmures. Trois opuscules portèrent à la connaissance du public les doléances de ceux qui se trouvaient lésés par la faute des gérants successifs de l'affaire. Ce sont :

1° *Précis sur le théâtre du Panorama Dramatique*, Paris : Fain, 1823, in-8.;

2° *Encore quelques mots sur le Panorama Dramatique*, Paris : Lebergue, 1823, in-8 ;

3° *Précis sur le théâtre du Panorama Dramatique*, par un créancier de ce théâtre, Paris : Ponthieu, 1823, in-8.

Ces brochures, ne contenant en somme que les accusations d'insuffisance ou d'indélicatesse qu'on voit se produire après la déconfiture de toute administration théâtrale, entretinrent pendant trois mois, chez les Parisiens, l'espoir de voir durer sinon prospérer l'entreprise si récente encore du Panorama Dramatique. Il n'en devait rien être : le 21 juillet 1823 l'affiche annonçait, par ordre de l'autorité, la clôture définitive du théâtre.

C'était, sans nécessité, mettre sur le pavé deux cents personnes au moins. Plus particulièrement affligés de la décision ministérielle, les artistes demandèrent à continuer, en société, l'exploitation du Panorama ; ils n'obtinrent, après un mois de démarches, que l'autorisation d'y jouer cinq fois à leur profit.

Le théâtre rouvrit, à cet effet, les 10, 15, 17, 18 et 21 août 1823. Ces représentations, composées de pièces du répertoire, auxquelles s'ajouta (le 17 août) *le Jugement de Salomon*, créé à l'Ambigu en 1802, produisirent 8.200 francs qui furent partagés au prorata des appointements. Quelque temps après le Panorama, démoli, était remplacé par une maison à six étages.

Des nouveautés données au Panorama Dramatique, une seule, *le Pauvre berger*, fut recueillie par une autre scène; des acteurs recrutés par lui, un seul, Bouffé, obtint plus tard rang d'étoile; ce théâtre n'aurait donc rendu à la littérature et à l'art que des services contestables s'il n'avait donné à la mise en scène, au double point de vue du luxe et de la vérité, un développement inconnu jusqu'à lui. Cet utile progrès, imposé par son fait aux directions parisiennes, doit sauver de l'oubli l'entreprise éphémère dont nous venons d'écrire la véridique histoire.

TABLE ALPHABÉTIQUE

DES 68 PIÈCES * COMPOSANT LE RÉPERTOIRE

DU

PANORAMA DRAMATIQUE

---

* 48 Nouveautés, dont 34 imprimées, et 20 Reprises, dont 2 éditées à
cette occasion.

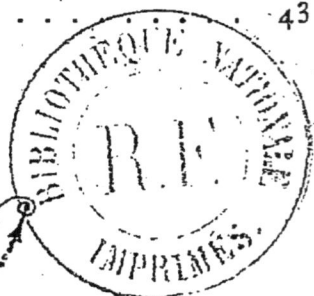

Imprimerie générale de Châtillon-s-Seine. — A. Pichat.

HISTOIRE DES THÉATRES

PAR

L.-HENRY LECOMTE

En Vente :

LE PANORAMA DRAMATIQUE, 1821-1823.

En préparation :

LES NOUVEAUTÉS,1827-1831,
LA RENAISSANCE, 1838-1841,
LE THÉATRE HISTORIQUE, 1847-1850,
Et tous les théâtres parisiens disparus.

DU MÊME AUTEUR

CURIOSITÉS THÉATRALES

En Vente :

TALMA EN PARADIS,
MARIE DORVAL AU GYMNASE,
ODRY ET SES ŒUVRES.

En préparation :

DÉJAZET ET SA COUR,
BOUFFÉ ET SES MÉMOIRES,
MADEMOISELLE GEORGE,
ARNAL ET SA CORRESPONDANCE,
BÉRANGER AUTEUR DRAMATIQUE,
LE DINER DES P'TITS AGNEAUX, etc.

Imprimerie Générale de Châtillon-sur-Seine. — A. PICHAT.

www.ingramcontent.com/pod-product-compliance
Lightning Source LLC
Chambersburg PA
CBHW060642100426
42744CB00008B/1728